开放中国丛书

朗丽华 裴长洪 林桂军◎主编

U0955361

社会资本视角下的我国区域协调发展战略研究

赵家章◎著

经济日报出版社

图书在版编目（CIP）数据

社会资本视角下的我国区域协调发展战略研究 / 赵家章著. -- 北京：经济日报出版社，2016.9

ISBN 978-7-80257-978-1

Ⅰ. ①社… Ⅱ. ①赵… Ⅲ. ①区域经济发展-协调发展-研究-中国 Ⅳ. ①F127

中国版本图书馆 CIP 数据核字（2016）第 153609 号

社会资本视角下的我国区域协调发展战略研究

作　　者	赵家章
责任编辑	陈礼滟
校　　对	李艳春
出版发行	经济日报出版社
地　　址	北京市西城区白纸坊东街 2 号（邮政编码：100054）
电　　话	010-63567683（编辑部）
	010-63588446　63567692（发行部）
网　　址	www.edpbook.com.cn
E-mail	edpbook@126.com
经　　销	全国新华书店
印　　刷	北京九州迅驰传媒文化有限公司
开　　本	710×1000 毫米　1/16
印　　张	10.5
字　　数	200 千字
版　　次	2016 年 9 月第一版
印　　次	2016 年 9 月第一次印刷
书　　号	ISBN 978-7-80257-978-1
定　　价	52.00 元

国家社会科学基金青年项目（11CJL060）最终成果

前　言

区域协调发展是我国经济发展面临的重要课题。改革开放后，特别是20世纪90年代以来，我国经济在保持快速增长的同时却面临着区域经济差距不断扩大的尴尬事实。政府随后采取了一系列促进区域协调发展的战略措施，地区差距问题得到了一定的遏制。传统的研究思路大都是基于新古典经济学的研究框架，试图揭示决定区域经济增长的因素并提出有针对性的政策建议。但是，这些研究大多忽略了非正式制度的研究，社会资本作为一种非正式制度，受到了越来越多的关注。本研究是笔者先前研究的继续和深化。赵家章（2011）把社会资本纳入中国区域经济差异研究，并重点分析了社会资本影响区域经济发展全要素生产率机制。本研究以社会资本理论、经济增长理论以及区域协调发展理论为背景，以促进区域协调发展为主线，将社会资本因素作为影响我国各地区经济发展水平差异的一个重要因素，并重点分析了社会资本影响区域经济发展的贸易机制。旨在说明我国在制定区域协调发展战略时，应充分考虑各地区社会资本存量的差异，从而构建更加完善的区域总体发展战略，最终形成我国区域经济发展新格局。

本书是笔者主持的国家社科基金青年项目《社会资本视角下的我国区域协调发展战略研究》（项目编号：11CJL060）最终研究成果。① 具体说来，本研究主要做了以下几方面工作：

第二章文献综述部分从三个方面展开：第一，对于中国区域协调发展，我们已经知道的内容；第二，对于中国区域协调发展，我们尚且需要知道的内容；第三，从社会资本的最主要方面——信任的角度，综述信任与经济增长的关系，并进一步探讨其在区域协调发展中的作用。在文献综述的基础上，第三章对社会资本与区域协调发展的相关理论进行回顾，并对相关概念的内涵进行界定。社会资本无疑是社科领域最具争议的概念，在综述国内外有关文献以及笔者先前研究的基础上，我们把社会资本理解为一种对经济体的生产能力有影响的、人们之间所

① 需要说明的是，与申请结题时的最终成果相比，此次出版过程中，笔者将部分数据进行了更新，部分内容进行了微调。

构成的一系列联系（Contact），这种联系主要包括信任、社会网络、规范及社会结构。在此基础上，进一步界定区域社会资本的四个方面：区域社会信任、区域社会规范、区域社会网络、区域社会结构。

第四章为社会资本与区域协调发展的理论模型构建。通过借鉴已有模型，构建了一个包含社会资本、正式制度与区域经济发展的理论模型，该模型为后文从宏观层面研究社会资本与正式制度之间的内在关系提供了一个微观基础，得出的主要结论是：社会资本在正式制度较弱时的增加，能够带动经济发展；在正式制度较强时，社会资本的增加基本不能发挥作用。本章同时对社会资本影响区域协调发展的贸易机制进行了深入分析。

第五章和第六章系统描述了中国区域协调发展的图景。首先，在介绍中国区域协调发展战略的基础上，通过分析主要经济指标，对中国区域协调发展现状进行描述；其次，对现有区域协调发展战略进行归纳并评析；再次，对中国区域协调发展的新格局进行分析；最后，对中国区域协调发展存在的问题进行了分析。

第七章为社会资本与中国区域经济协调发展的实证检验，旨在通过利用微观和宏观层面数据，实证考察社会资本在中国区域经济发展中的作用。通过利用相关微观调查数据（CGSS）和宏观数据，对中国区域社会资本进行测量，并把这些数据纳入实证分析模型。结果证明：物质资本、劳动力以及人力资本是造成地区间经济发展的最主要因素；社会资本对经济增长的影响在各地区间有显著的差异，东部地区最强，西部地区次之，中部地区最弱；社会资本的主要方面信任对地区经济发展差距有着显著的积极影响，社会网络对地区经济发展差距有积极影响但不显著。

第八章纳入贸易因素，实证检验社会资本在多大程度上影响贸易（国内贸易和国际贸易），进而对中国区域协调发展产生影响。从国际贸易角度，利用世界价值调查数据，实证检验信任、正式制度对中国对外贸易的影响。结论显示：东道国的信任水平对中国的贸易流量有显著正向影响；中国与东道国的制度差距会增加交易成本，不利于双边贸易往来；东道国正式制度越完善，信任对国际贸易的影响越不显著；东道国正式制度越不完善，信任的作用更显著。从国内贸易的角度，通过利用省际信任数据，实证检验了信任对国内贸易发展的作用。结论显示：信任能够降低交易成本，进而带来国内贸易的增加；信任对国内贸易的发展有着显著的正向影响；引入控制变量后，信任仍旧对国内贸易产生显著的正向影响。

第九章为社会资本视角下我国区域协调发展战略。从社会资本的各因素出发，提出促进我国区域协调发展的相关政策建议，指出我国在制定区域经济发展战略时，必须纳入社会资本因素。

本项目的顺利进行以及书稿的最终出版，必须感谢的是全国哲学社会科学规划办公室，正是有了国家社会科学基金青年项目的资助，本研究才得以顺利进行。本书的出版还要感谢首都经济贸易大学经济学院的资助。此外，还要感谢经济日报出版社的编辑们为本书出版所付出的辛勤劳动。需要指出的是，尽管课题组对上述课题进行了大量研究，更为深入的研究仍需继续，书中有些内容有待进一步完善，不足之处有待专家和学者们批评指正。

目　录

第一章　导　论

第一节　选题背景

改革开放以来，中国经济保持了较高的增长速度，取得了举世瞩目的成绩。中国经济的高速增长，不仅改变了世界经济版图，也对中国自身的经济版图产生了重要的影响。20 世纪 90 年代以来中国区域经济发展不平衡的现状越来越显著，日益成为广受关注的焦点。很显然，地区差距的存在和拉大必然会影响到整体经济的效率，不利于资源的有效配置；差距过于悬殊还会影响整个国家经济的可持续发展，全面建设小康社会和实现国家协调发展的战略目标就难以实现；同时，由地区间经济发展失衡引起的收入分配失衡，还会影响社会的整体福利水平。我国政府自 20 世纪 90 年代后期，提出了西部大开发战略，随后又于 2003 年推出了振兴东北地区老工业基地战略，2006 年提出了促进中部地区崛起战略。近年来，按照区域发展总体战略的要求，政府又出台了一系列旨在促进区域协调发展的区域规划和政策，区域政策体系得以不断完善，区域协调发展取得了显著成效。

学界的研究主要集中于探讨造成我国区域经济差异的原因，以及制定什么样的区域协调发展政策。对于区域经济差异的成因，以往研究大都集中于要素投入、经济结构、正式制度、地理位置等因素，即现有区域经济学研究往往仅重视经济上的差异，而较少地重视更深层次上的非正式制度上的差异。事实上，一个地区的文化、风俗、习惯上的差异所造成的制度和政策上的差异是客观存在的，没有理由忽略这方面的研究。20 世纪 90 年代以来，越来越多的研究尝试把社会资本理论用于解释区域经济问题。具体到中国，我们发现，用社会资本解释区域经济差异问题也逐渐成为学者们关注的焦点。从社会资本角度研究我国区域经济差异问题，可以考察地区经济差异的更深层面的问题。因此，加强对中国区域经济发展不平衡的研究，特别是从一个新的角度来考察其深层次的原因，具有非常重要的现实意义。

本研究试图用社会资本理论来理解和解释我国区域协调发展问题，并分析社会资本如何对贸易产生影响，同时系统研究社会资本视角下如何制定相关战略措施以促进我国区域协调发展。该问题不仅是区域协调发展的基本理论问题，也是与区域协调发展战略的推进息息相关的重要现实问题。中国是一个发展中的大国，其人口规模超过整个欧洲，相当于欧洲加上美国、俄罗斯、日本、加拿大、澳大利亚的总和，每一个省都相当于一个欧洲国家（张维为，2011）。[①] 持续30多年的高速增长并未改变中国是一个发展中国家的现实，区域之间差异大、发展很不平衡，是我国的基本国情。目前，中国经济增长质量问题已经得到越来越多的关注，粗放型的经济增长已经使中国经济的可持续发展面临严峻挑战（周绍杰等，2010）。居安思危对于中国经济的持续腾飞具有重要的意义，具体到区域发展层面，便要高度重视区域之间的利益冲突，在全国范围内积极推进区域协调发展战略（姜文仙，2013）。如何制定和实施区域发展总体战略，促进区域协调发展，形成区域经济发展新格局，是现代化建设面临的一个重大任务，不仅具有重大的经济意义，而且具重大的政治意义（刘应杰，2013）。

第二节 研究思路

本研究以社会资本理论、经济增长理论以及区域协调发展理论为背景，以促进区域协调发展为主线，将社会资本因素作为影响我国各地区经济发展水平差异的一个重要因素，深入分析了社会资本影响区域协调发展的贸易机制，旨在说明我国在制定区域协调发展战略时，应充分考虑各地区社会资本存量的差异，从而构建更加完善的区域总体发展战略，最终形成我国区域经济发展新格局。现实背景分析着重分析我国区域经济发展不均衡现状，指出影响中西部地区落后的原因可能主要不是物质的原因，社会资本的差异可能起到重要作用，同时对我国区域发展新格局进行分析。文献综述重点梳理社会资本概念并形成本研究的社会资本观及区域社会资本的内涵，同时对社会资本与经济增长的关系、社会资本与贸易的关系进行全面的梳理，为整个研究做好理论铺垫。实证研究旨在利用相关调查数据及宏观数据，对我国区域社会资本进行测量，并利用测量数据，实证检验区域社会资本在多大程度上影响着各地区的经济增长，并最终对区域协调发展产生影响。通过上述工作，形成本研究的核心观点，社会资本因素是影响我国区域经济发展的一个重要因素，在制定区域协调发展战略时，必须纳入社会资本因素。课题落脚点在于构建包含社会资本因素在内的我国区域总体发展战略，以促进区域协调发展，从而形成我国区域经济发展新格局。

---

① 张维为. 中国震撼：一个“文明型国家”的崛起［M］. 上海人民出版社，2011.

第三节 主要研究内容

本研究立足于社会资本视角，全面分析社会资本对区域经济发展差异的作用，并在此基础上构建促进我国区域协调发展的战略。具体研究内容从以下几个方面展开：

文献综述部分从三个方面展开：第一，对于中国区域协调发展，我们已经知道的内容；第二，对于中国区域协调发展，我们尚且需要知道的内容；第三，从社会资本的最主要方面——信任的角度，综述信任与经济增长的关系，并进一步探讨其在区域协调发展中的作用。在文献综述的基础上，我们对社会资本与区域协调发展的相关理论进行回顾与界定。社会资本无疑是社科领域最具争议的概念，在综述国内外有关文献以及笔者先前研究的基础上，我们把社会资本理解为一种对经济体的生产能力有影响的、人们之间所构成的一系列联系（Contact），这种联系主要包括信任、社会网络、规范及社会结构。并进一步界定区域社会资本的四个方面：区域社会信任、区域社会规范、区域社会网络、区域社会结构。

理论分析部分试图对如下问题进行解答：社会资本与正式制度的关系如何？社会资本如何对区域经济增长造成影响？社会资本如何影响贸易？通过理论模型分析，得出的主要结论是：社会资本在正式制度较弱时的增加，能够带动经济发展；在正式制度较强时，社会资本的增加基本不能发挥作用。本部分还深入分析了社会资本的各因素——信任、社会网络、规范以及社会结构如何对贸易产生影响。在此基础上，完成了本研究理论分析框架的构建。

现实背景分析着重研究我国区域协调发展现状以及区域协调发展新格局，这部分内容旨在系统描述中国区域协调发展的现状，具体研究内容包括如下几个方面：第一，中国区域协调发展战略的演变；第二，中国区域协调发展现状；第三，中国区域协调发展新格局；第四，中国区域协调发展存在的问题。

本课题的实证研究旨在利用相关调查数据及宏观数据，对我国区域社会资本进行测度，并利用得到的数据，实证检验区域社会资本在多大程度上影响着各地区的贸易以及经济增长，并最终对区域协调发展产生影响。实证检验得到的主要观点：第一，物质资本、劳动力以及人力资本是造成地区间经济发展的最主要因素，社会资本和正式制度对地区经济发展差距同样起到了非常重要的作用。在控制了基本因素（物质资本、劳动力、人力资本）和正式制度的前提下，社会资本对经济增长有着显著的正向影响。第二，社会资本对经济增长的影响在各地区间有显著的差异，东部地区最强，西部地区次之，中部地区最弱。第三，分地区的稳健性检验再次验证了社会资本的重要作用，同时也再次验证了社会资本在不同地区间对经济增长作用的差异。第四，分因素的稳健性检验证实了信任和社会网络对地区经济增长的影响。信任水平越高的地区经济增长水平也越高，反之亦然。社会网络对经济增长既有有利的方面，也有不利的方面，实证结果显示，受不利因素的影响，社会网络对经济增长的影响为正，但不显著。第五，从国际贸易角度，利用世界价值调查数据，实证检验信任、正式制度对中国对外贸易的影响，结论显示：东道国的信任水平对中国的贸易流量有显著正向影响；中国与东道国的制度差距会增加交易成本，不利于双边贸易往来；东道国正式制度越完善，信任对国际贸易的影响越不显著；东道国正式制度越不完善，信任的作用更显著。从国内贸易的角度，通过利用省际信任数据，实证检验了信任对国内贸易发展的作用，结论显示：信任能够降低交易成本，进而带来国内贸易的增加；信任对国内贸易的发展有着显著的正向影响；引入控制变量后，信任仍旧对国内贸易产生显著的正向影响。

战略研究是本课题的重要研究内容。“十二五”时期是我国区域协调发展战略调整的重要时期，也是我国区域协调发展战略全面实施的阶段。科学发展观的确立，赋予了区域协调发展新的时代要求和新的内涵。党的十八大和十八届三中全会对区域协调发展又进行了全面部署和安排。区域协调发展战略的实施必须以区域利益协调为主线，充分考虑各地区社会资本存量的差异。区域协调发展战略实施过程中，要有针对性地弥补这方面的差异。只有从根本上改变这种差异，才能制定更为合理的区域协调发展战略。

第四节 特色及不足之处

本研究最主要的工作是把社会资本纳入中国区域协调发展分析框架，并尝试进行实证分析，与以往研究相比，本研究相对突出的工作主要体现在以下几个方面：第一，对区域社会资本的内涵进行了明确界定。社会资本的概念本身存在诸多争议，在给出了本研究的社会资本定义基础上，本研究对区域社会资本的内涵进行了明确界定，从认知型社会资本和结构型社会资本，把区域社会资本的内涵界定为区域信任、区域规范、区域社会网络和区域社会结构四个方面。第二，构建了区域社会资本影响贸易并最终对区域协调发展造成影响的统一分析框架。全要素生产率和贸易是社会资本影响经济发展的两个重要方面，全要素生产率这一机制本人已有的研究已经进行了深入解释①，本书集中于对社会资本影响区域经济发展的贸易机制进行了详细深入的分析，在此基础上构建了一个统一分析框架。第三，尝试使用跨国数据，实证检验信任对贸易的影响。社会资本一定程度上可以作为正式制度的替代，本研究分析了信任、正式制度与中国对外贸易发展的关系，实证分析得出的结论给予理论分析以很好的支撑。第四，尝试基于社会资本视角构建区域协调发展战略。本研究的立足点在于试图说明社会资本在中国区域协调发展中的作用，政府在制定区域协调发展战略时，必须纳入社会资本因素。我们从区域社会资本的四个方面，分别提出了具体可行的政策建议。

本研究的不足之处主要体现在以下三个方面：第一，尽管本研究试图构建一个包含社会资本因素在内区域协调发展框架，其中也对社会资本影响区域协调发展的贸易机制进行了分析。但本研究打造的理论分析框架仍旧存在进一步完善的地方，理论框架仅仅分析了社会资本如何影响贸易，但没有纳入模型中，这是理论模型需要完善的地方。第二，由于受数据的限制，本研究部分数据的准确性有待提高。这点也是众多研究社会资本的学者面临的一个最主要的难题，由于国内没有专门针对社会资本的调查，可利用的数据资料少之又少，我们选用代理变量进行实证分析，对某个地区社会资本存量或许不能很好地反映。但这已经是本研究基于可获得的数据所作出的最大努力，并且在反映区域社会资本存量水平指标设计上，尽可能地与跨国研究保持一致。第三，本研究仅对信任与贸易的关系进行了全面分析。但对社会资本的其它三个方面（社会网络、规范、社会结构）与贸易的关系仅进行了定性分析，缺少更为严格的定量研究。这也是后续研究需要加强的一个方面。

① 赵家章．社会资本与中国区域经济差异研究［M］．北京：首都经济贸易大学出版社，2011．

第二章　文献综述

第一节　中国区域协调发展：我们知道什么？

区域协调发展是一个典型的具有中国特色的研究命题（徐盈之等，2010），目前学者们关于该问题的探讨主要从以下几个方面展开：区域协调发展的定量评价研究；区域协调发展的影响因素研究；区域不协调发展的成因；促进区域协调发展的政策建议。

一、区域协调发展的评价

学术界对于区域协调发展的评价主要是通过测算协调度、协调发展指数以及协调发展系数等指标。但姜文仙（2013）认为，该研究思路偏离了区域协调发展的正题，认为这是对区域系统的综合评价或者是可持续发展的评价。

目前，大多数研究主要通过建立指标体系，对一个地区的协调发展水平进行衡量并提出相关建议，即采用综合性的指标体系来进行评价。① 徐盈之、吴海明（2010）运用 DEA 方法研究环境约束下我国各地区协调发展水平的综合效率及影响因素，结果显示：我国各地区区域协调发展水平有明显的区域差异，东部的协调发展水平最高；在环境约束下各地区协调发展水平的综合效率普遍低下，东部综合效率最高；外资水平对区域协调发展水平的综合效率有积极的影响。李兴江（2007）从可持续发展中的经济水平与经济结构、科技进步与人口素质、社会发展与居民物质生活水平、生态环境自然资源等四个子系统中选择 16 个指标，构建了一套综合指标体系，对我国区域协调发展的进程进行了测量。涂正革（2008）从环境、资源和工业增长等子系统中选择 14 个指标，评估了环境、资源与发展的协调性。蒙少东（2004）运用理论分析法和德尔菲法构建了区域协调发展的评判指标体系。车冰清等（2010）通过向专家咨询，同时综合运用频度统计法和理论分析法构建了县域尺度的区域协调发展评判指标体系。以上研究大都对我国区域协调发展进程给予了肯定，但同时认为我国区域协调发展存在着明显的

---

① 相关研究有：徐承红（2008）、李兴江（2007）、汪波等（2004）。

地区差异。

二、区域协调发展的影响因素

区域协调发展影响因素的研究主要集中于以下几个方面：人力资本、FDI、基础设施、对外贸易和中央财政支出等因素。① 姜文仙等（2013）分析了中央政府推动区域协调增长战略的动因、时机与方式，该研究认为中央政府兼具委托人和代理人的双重身份特征，决定了其在推动区域协调发展战略中的重要作用。区域协调发展战略的实际选择受到中央政府促进协调发展的意愿和能力的制约，当二者同时具备时，区域协调战略才能被确立下来。中央政府推进区域协调发展战略的主要作用方式有区域经济政策、区域管理、区域规划、区域关系立法。李国平等（2013）的研究认为，中国区域空间结构正逐步向“网络化”模式迈进，已经呈现出“准网络化”的空间格局，20 世纪 90 年代中期以来的各地区竞相发展，使得中国不同地域的空间结构呈现出更加明显的差异。汪阳红（2011）分析了改革后我国区域协调互助机制，重点分析了区域互助内容形式、互助机制的建立和发展、存在的问题，并对完善我国区域互助机制提出了相应的对策建议。杨刚强等（2012）从土地要素供给、土地资产价格、土地金融三个方面构建了土地政策差别化调控区域协调发展的传导路径，研究结论认为，差别化土地政策有利于提高土地资源的空间配置效率，增强区域发展活力，促进区域协调发展。陈斐、陈秀山（2007）认为促进区域协调发展的两大重点是：一是根据不同区域的资源环境承载能力和发展潜力，按照优化开发、重点开发、限制开发和禁止开发的要求明确不同区域的功能定位；二是健全区域之间相互促进，优势互补的市场机制、合作机制、互助机制和扶持机制等四大区域协调互动机制。向延平（2013）分析了区域协调发展的国际经验及启示，通过分析日本、英国及欧盟其它国家区域协调发展的实践，并对我国西部地区区域协调发展提出政策建议。郑长德（2012）基于马丁分析区域政策效应框架的研究表明，传统的转移支付政策或单纯改善区际交易成本的政策，面临着空间公平与总体经济效率间的权衡，而降低创新成本的政策是可以实现总体经济效率和空间公平兼得的政策，并分析了对我国区域协调发展的启示。

贸易被认为是影响区域协调发展的重要因素，学者们主要关注贸易对区域经济增长的影响，两者的关联性已经被众多文献证实。Laurin&Frederic（2012）研

---

① 相关研究有：Belton Fleisher et al.（2009）、Roberta Benini et al.（2007）、Rodriguez - Oreggia（2005）、赵霞、陈学志（2007）、徐康宁，韩剑（2005）和沈贵龙等（2004）。

究认为，GDP增长与进口之间具有显著的相关性，GDP增长与进出口贸易总额之间具有较小程度上的相关性，GDP增长与出口之间不具有显著的相关性。Gonzalez Rivas（2007）发现开放的贸易有利于那些教育水平较低的地区，从而有助于减少地区不平等。然而，开放的贸易也有利于这些地区具有较高水平的收入和基础设施，从而有助于增加地区间的不平等。后者的影响大于前者，所以贸易开放的整体效果是提高区域不平等。Anwesha&Rajat（2012）的研究表明，在亚洲和拉丁美洲，多元化出口对经济增长有显著的影响。

从国内已有研究来看，大多数学者认为贸易与区域经济增长有关。国际贸易的发展有利于实现区域分工、区域要素的积累、区域结构优化、区域经济运行机制创新等，以促进区域经济的健康发展。一个国家的国际贸易的稳步发展可以促进该国家的区域经济的发展（刘莉，2009）。李斌、陈开军（2007）的研究认为：对外贸易差异与地区经济差距存在同方向变化。在短期内，出口、进口贸易差异都是引起地区经济差距的原因。对外贸易在中国地区间发展存在差距，这种差距会导致地区间经济增长的差异，最终显著影响地区经济差距的变动。欧向军（2006）等人引用国外最近使用的区域分离系数等方法，分析了中国区域经济增长与差异格局变化的相互关系，得出的基本结论为：随着中国经济的不断增长，其东、中、西三大区域逐渐发散趋异，而南、北两大区域逐渐收敛趋同。张鹏（2010）通过对FDI流入、出口贸易影响区域经济增长差异性进行实证分析，得出结论认为：出口贸易对我国区域经济增长具有正向促进作用，但出口贸易对我国东、中、西部地区之间的经济增长差异影响十分显著。刘渝琳、冯其云（2007）的分析认为，东部地区和西部地区的外资企业对外贸易对经济增长均具有显著的促进作用，东部地区的外资企业对外贸易与经济增长已经形成了良好的相互促进作用，而西部地区还没有形成这种相互促进机制。刘力（2005）认为对外贸易给东部劳动力与人力资本带来的要素收益受到国内要素市场条件限制，无法实现向中西部地区的扩散，这使得国际贸易促进要素均等化机制不能发挥作用，反而成为扩大东中西三大地带收入差距的主导力量。然而，周玉翠（2009）则认为对外贸易促进东部地区经济的发展，扩大了我国的区域经济差异。但是经济的外向性越大越容易受到国际经济危机的影响，经济的不稳定性增强。这给内陆地区经济的追赶带来了良好的机遇，内陆地区如能恰当运用将有助于我国区域经济差异的缩小。

赵伟等（2005）分析了对外贸易对中国日益扩大的省际经济增长差距的影响，发现1978—2005年对外贸易对省际经济增长差距拉大的贡献率为33.7%，并把对外贸易影响地区经济增长差距的机制归纳为乘数机制、技术扩散机制、聚集机制和竞争机制。魏浩（2009）分析了对外开放与我国29个省市收入差距之间的关系，认为出口差距对地区间收入差距具有显著的、持久的“正向”促进作用，出口差距对收入差距的贡献率最大。魏浩等（2011）从全球125个国家的数据寻找对外贸易与国内收入差异的证据，结果发现：对于发达国家来说，进口和出口因素是影响国家内部收入差距的主要因素；对发展中国家来说，进口和出口因素对国家内部收入差距的影响系数较小且都不显著。

兰宜生（2002）以外贸依存度表示对外开放度，分析了我国各地区外贸依存度与经济增长的关系，结果显示对外开放度与地区经济增长有显著的正相关关系。蒋满元（2008）发现区域经济增长的内在动力差距本身构成了区域对外贸易差距扩大的原因，同时，区域间对外贸易进而对外开放程度差距的扩大则又加剧了改革开放以来区域经济增长和发展水平差距扩大的趋势。何枫等（2004）人则强调了非均衡区域开放对区域经济差异的影响。他们认为开放程度与效率水平存在明显的正相关关系，贸易开放度的差异是导致东、西地区经济差异的关键因素。宣晓伟（2013）认为，外贸比重在各省之间的巨大差异表明各省在对外开放中的作用和表现迥异，沿海发达省份更多地分享了对外开放带来的巨大收益，极大地推动了当地的经济发展，而内陆省份的收益则相对要少得多。王丽娟（2005）的研究认为，由于沿海与内陆外向型经济内在发展条件悬殊，贸易自由化对不同区域的影响迥然不同。而不同区域贸易参与度的差异也直接导致区域经济差距。贸易自由化和区域经济差距进行相具有高度正相关性。熊灵等（2012）通过构建贸易开放与区域增长的空间面板数据模型，运用空间计量方法分析1987—2009年中国省际贸易开放对经济增长的空间效应，结果发现中国省域经济与产业经济层面的增长均存在空间相关性；控制空间相关性后，贸易开放对省域经济的增长的效应为正，伴有空间收敛与发散双向效应。包群（2008）探讨了中国贸易开放与经济增长关系的区域空间差异，认为区域贸易开放的经济增长效应存在较大空间差异，地区间要素禀赋、技术水平等方面的差异都将导致贸易开放增长效应的显著不同。黄新飞等（2010）研究贸易开放与经济增长的内生性问题，运用动态面板数据的GMM估计方法，对中国1992—2007年中国省级面板数据的实证分析结论认为：贸易开放通过影响要素使用效率促进省份经济增长。

三、区域不协调发展的成因

区域差异的扩大是区域协调发展战略提出的基础，因此探讨区域发展不协调的成因事实上是探讨区域差异扩大的原因。学者们从不同的角度解释了区域差异扩大的原因，得到实证支持的可以分为四类：要素投入、经济结构、政策和制度因素、地理位置和历史因素。张吉鹏等（2004）从要素投入的角度，认为物质资本、人力资本、劳动力、技术差距等因素是造成地区差异及其变化的主要原因。魏后凯等（2000）、王小鲁等（2004）的研究都认为外商直接投资对东部地区的快速发展起到了重要的作用。蔡昉等（2000、2001）、Wang 和 Yao（2001）等认为人力资本的差异是造成地区差异的主要原因。杨晓光等（2002）、李四光等（2008）的研究认为技术差距是导致区域差异扩大的一个因素。从经济结构的角度，林毅夫（2002，2003）一系列的研究给我们提供了一个较为清晰透彻的理论框架。从政策和制度角度，学者们认为改革后所实施的非均衡发展战略这一制度安排，是造成我国各地区经济差异的一个重要原因。Young（2000）认为地区性保护政策是地区差异拉大的关键。Fleisher 和 Chen（1997）认为中央政府倾斜性的地区政策是中西部地区落后于东部地区的根源。赵霞等（2007）认为我国在转移支付制度上存在着诸多不足之处，不能有效地促进各地区在公共服务能力上的均等化，在一定程度上影响了我国区域经济的协调发展。潘文轩（2011）系统分析了我国财政分权对区域协调发展的影响。认为财政分权体制通过政府间公共事务责权和财政支出责任划分、地区间财力分配、地区政府财政竞争、区域间财政调控四条路径来影响区域协调发展。并提出了具体构建有利于区域协调发展的财政分权体制。徐现祥等（2005）认为各省区经济绩效的差异可以归结为“社会基础设施”的差异。从地理位置和历史的角度，有学者指出中、西部地区不利的地理条件客观上制约了该地区的经济发展（陈栋生，2001；Demerger 等；Fleisher 和 Chen，1997），陆铭、陈钊（2006）认为导致地区间发展差异的深层次原因主要是地理和政策因素，其中地理是更为根本的因素。事实上，我们认为，我国区域差异的扩大并不是单一因素的结果，而是诸多因素相互影响、共同作用的结果。

四、促进区域协调发展的对策

几乎所有涉足该领域的学者都会提出如何促进区域协调发展的政策建议。综观目前的研究，学者们提出的政策建议大概可以归纳为以下几个方面:[①] 第一，消除体制和政策障碍，促进要素合理流动。我国区域协调发展的整体态势良好，但由于我国行政区划、行政体制的制约，地区之间发展的协调难度还是比较大。因此，如何消除给地区现有的体制和政策障碍，成为学者们探讨的重点。陆大道（1997）认为，公平的政策环境和价格体系是引导地区协调发展的重要条件。陈

① 姜文仙（2011）对此进行了归纳，本文的归纳参考了其研究。

耀（2013）强调了建立更高层次的更有权威的协调机构的必要性。第二，引导产业转移，促进区域合理分工。由于我国经济和工业活动仍主要集中在东部沿海地区，产业和就业机会多，造成了大量的中西部地区人口流动到了东部地区。这种状况尽管有利于东部地区利用低成本劳动力加快发展，但同时给中西部地区带来很多发展问题，因此目前的区域分工不合理。陆铭等（2013）的研究就指出要引导产业向中西部地区转移。陈耀（2013）指出，区域经济政策除了要努力缩小地区差距外，还要追求空间配置效率，即通过对区域间要素资源的合理配置和产业的优化布局，实现经济活动总产出的最大化，适时推动东部产业转移，让一些不适合在东部发展的产业和企业转移到劳动力丰富的中西部地区。于波（2013）也提出了促进生产要素跨区域合理流动与配置的具体政策建议。第三，完善法律法规。越来越多的学者呼吁应该考虑为协调区域发展立法，通过立法规范区域经济主体行为，把区域协调发展政策以法律形式明确确定下来。例如，周毅仁（2014）就指出，应结合我国区域发展的实际，结合实施区域发展总体战略和推进形成主体功能区规划，加快立法进程，以保障区域战略的权威性、规范性和连续性，并建议当前迫切需要加快研究制定《区域协调发展法》。

第二节　中国区域协调发展：我们还需要知道什么？

制度被认为是影响区域协调发展的一个非常重要的因素。但以往研究大都从正式制度的角度进行分析，较少研究涉及到非正式制度（社会资本）对区域协调发展的影响。社会资本作为一个目前被众多学科追捧的热点概念，被广泛地应用于经济学研究中，其在区域经济发展中的作用也得到了证实。[①] 对于中国区域协调发展而言，根据现有研究，我们有理由相信社会资本也是影响中国区域协调发展的一个重要因素。

截至目前，关于社会资本、正式制度和区域经济发展的研究主要集中于两个截然不同的领域。一方面，信任、网络、社会规范和协会活动被认为是成功经济的核心方面；[②] 另一方面，在与制度相关的文献中，正式的规则，例如产权法律、法院的力量被认为是经济发展的关键因素。[③] 文献中对于社会资本、正式制

---

① 有很多学者指出社会资本可以说是社会科学中最难以捉摸的概念之一。诚如 Bjornskov（2006）指出，社会资本至少有三个方面：普遍信任、社会规范和协会或网络活动。

② 这方面经典性的文献主要有：Knack 和 Keefer（1997）、Zak 和 Knack（2001），这两篇文献在本研究多次提及。

③ 但是这些文献并没有深入分析非正式制度例如社会网络、人际信任对经济增长的影响，也被认为是这些文献的主要缺陷。

度两者共同对经济增长的作用并没有达成统一的意见。

一、正式制度与区域协调发展

制度经济学一般研究正式制度对区域经济增长的影响。正式制度是指这样一些行为规范，它们以某种明确的形式被确定下来，并且由行为人所在的组织进行监督和用强制力保证实施，如各种成文的法律、法规、政策、规章、契约等。从制度经济学的角度，正式制度是长期经济增长的决定性因素。在诺斯（1981，1990）的经典性文献后，近 20 多年也出现了其它一些经典性的文献，如 Knack 和 Keefer（1995）、Hall 和 Jones（1999）、Acemoglu 等（2001，2002）、Acemoglu 和 Johnson（2005）、Banerjee 和 Iyer（2005）。尽管内生性的问题都存在，这些文献均证实了正式制度对经济增长有着重要的影响。

Hall 和 Jones（1999）的研究是该领域非常有代表性的一篇文献，两人提出了“社会基础设施”的概念，并认为各地区社会基础设施的差异是造成各国经济增长差异的深层次因素。在 1996 年的一篇名为《各国的生产率》的工作论文中，Hall 和 Jones 认为，一个社会的制度和政策环境对该社会的发展非常重要，但当时两人并没有明确提出“社会基础设施”这个概念。随后两人 1997 年在《美国经济评论》再次撰文，对其观点进行阐述。“社会基础设施”概念的正式提出是两人发表于 1999 年《经济学季刊》上的一篇名为《为什么有的国家劳均产出比其它国家要高?》的文章。按照两人文中的定义，所谓社会基础设施，即一个经济体中能够给个人和企业提供有效激励的制度和政府政策。这种激励能够鼓励生产性的活动，例如技术的积累、新产品和生产技术的发明；另一方面，也可能提供的是负激励，这种负激励就会鼓励对生产的掠夺性行为，例如寻租、腐败贪污以及偷盗。Jones（1999）进一步给出更为明确定义，以便更好地度量该概念，在他看来所谓社会基础设施其实是指能够使得某些活动的私人收益和社会收益达到一致的制度和政府的政策。尽管要求私人收益和社会收益完全一致很难达到，两者越是接近该社会（组织）就越有效率。按照诺斯（1973）的观点，能够使活动私人收益和社会收益相等的组织安排才是最有效率的。可以看出，Hall 和 Jones（1999）社会基础设施的定义其实与诺斯关于制度的定义是一脉相承的。

根据诺斯（North，1990）的定义，所谓私人收益是指某以经济单位或者个人参与任何经济交易活动的个人的利得或亏损，社会收益是指社会从这一活动所得的总净收益（正的或负的）。良好的社会基础设施应当设计某种机制使得活动的社会收益和私人收益近乎相等，尽管让两者完全相等几乎是不可能的。私人收益和社会收益不一致是指某个第三方不经他们同意就会获得某些收益或付出某些成本。诺斯认为，每当所有权未予确定限制或没有付诸实施时便会出现这种不一致。对于私人收益和社会收益不一致的活动，大体可以分为两类：第一类包括各种类型的投资，例如个人储蓄、接受教育或者研发投资，由于税收、征用以及外部性，则其私人收益就很有可能小于其社会收益。第二类包括那些可以给个人带来当前收益的活动，这些活动包括生产（Production）和转移（Diversion），个人可以通过生产或者转移增加其收入，生产是指某一时刻可以增加经济体的总产出的活动，而转移在罗默（2006）看来是一种寻租行为，是指对产出进行重新再分配的活动。根据定义，寻租的社会收益为零，生产活动的收益则是该生产活动对总产出的贡献。同上述的某些投资活动一样，转移和生产活动的社会收益和私人收益也是不同的。所以，良好的社会基础设施会最大程度的减少转移而增加生产。

Hall 和 Jones 关于“社会基础设施”的研究无疑是成功的并引起了越来越多的学者们的广泛关注。但就连他们自己也不得不承认，两人关于“社会基础设施”的研究是基于之前众多学者的研究成果。例如上面提到的关于“政府反转移措施”的度量，两人就主要参考 Knack 和 Keefer（1995）的研究。Knack 和 Keefer（1995）关于制度（主要侧重于对产权的保护）对经济绩效影响的实证研究较有代表性。作者开宗明义地指出，很少有人会质疑：对产权的保护，契约的权利（contractual rights），政府对公共物品的管理以及政府政策制定的效率，对一个国家经济增长速度起着至关重要的作用。但由于受数据的限制，之前的相关经验研究关于制度在跨国经济增长和收敛中的作用被限制在很小的范围内。学者们对于诺斯给出的“制度至关重要”的命题很长时间都没有给出很好的实证支持。由于缺少产权保护方面的数据，学者们采用政治稳定性（Barro，1990），例如暴动、革命和政治暗杀的次数，或者采用政治自由和公民自由来代替（Kormendi 和 Meguire，1985；Grier 和 Tullock，1989；Scully，1988；McMillan，Rausser 和 Johnson，1991）。基于以上考虑，Kanck 和 Keefer 使用更直接的度量制度环境的数据，并与巴罗（Barro，1991）所采用的代理变量和 Gastil 指数①相比较，考察正式制度在经济增长和私人投资中的作用。该研究衡量制度的指标主要来自于两个国际投资风险服务机构：跨国风险指导（International Country Risk Guide,

① 该项研究始于 20 世纪 70 年代初期，由 Raymond Gastil 提出把“公民自由权”和“政治自由”作为跨国比较研究的指标，由一个非盈利性机构定期发布指标，该指标成为众多学者在研究民主、政府治理水平等领域时常常用到的指标。

ICRG)[①] 和商业环境风险情报（Business Environmental Risk Intelligence，BERI)[②]。这两个机构的数据库所提供的关于产权的数据与诺斯（North，1990）、奥尔森（Olson，1982）、Weingast（1993）等所强调的制度十分接近。该研究选取的衡量正式制度的主要指标有：官僚质量（Quality of Bureaucracy、腐败（Corruption in Government）、法治环境（Rule of Law）、征用风险（Expropriation Risk）、政府合同的声誉（Repudiation of Contract by Government）、政府效率（Bureaucratic Delays）、国有化的概率（Nationalization Potential）、合约实施（Contrast Enforceability）、基础设施的质量（Infrastructure Quality）。前五个指标从 ICRG 获得，后四个从 BERI 获得。该研究通过四种方法来研究正式制度在经济增长过程中的作用：第一，度量制度变量与政治暴力和 Gastil 指数的相关关系。第二，通过经验增长方程估算这些变量对经济增长和私人投资的相对解释能力。第三，比较在有制度指标和无制度指标时初始收入的系数。如果各国收敛于他们各自的稳态收入水平，并且制度是稳态收入的关键决定变量，那么当控制制度变量的时候初始收入的系数应当比较高。第四，比较这些指标在解释各国私人投资的能力。

二、社会资本与区域协调发展

社会资本更多的被认为是一种非正式制度。社会资本在正式制度较弱时可以在一定程度上替代正式制度，从而对区域经济增长造成影响。以格雷夫（Greif）等为代表的比较制度研究认为，制度和经济行为根植于复杂的社会关系中，而为了充分理解制度对经济发展的影响，经济体制所依赖的文化传统、社会关系、价值观念应得到重视。但是，Nee（1998）的研究认为，“近年来，新制度经济学者也重视非正式约束，特别是规范和网络，但他们没有考察正式和非正式约束如何共同塑造制度和影响经济绩效，也就是没有正式和非正式约束关系的性质理论，关于制度效应的解释难以令人信服。”[③] 除了一些标准的经济变量外，社会资本被认为是解释经济增长的一个非常重要的因素，学者们对社会资本在经济增长中的作用表现出来了越来越浓的兴趣，经济增长经验研究开始更多的关注制度和文化的角色（泰佛，1999）。尽管经济学家使用社会资本的方式受到批评，但

---

① ICRG 自 1980 年以来，每月更新，提供全世界 140 个国家的国家风险分析和排名。

② BERI 创建于 1966 年，提供 140 多个国家的综合排名、分析和预测，具体包括：经济数据和分析、政治和社会趋势及发展、情景规划、国际和区域关系、监管问题和影响。

③ Nee，V.，1998. Norms and Networks in Economic and Organization Performance. American Economic Review. Vol. 88，No. 2.，pp. 85～89.

这丝毫不影响社会资本成为经济领域被引入的最成功的概念，并出现了一大批丰硕的研究成果。

第三节　社会资本与区域经济增长：基于信任的视角

信任和社会网络、道德规范一起，被称为社会资本的主要部分。尽管社会资本有诸多定义（Coleman，1988；Putnam，1993；Fukuyama，1996；Ostrom，1999），[①] 但信任都被视为社会资本的重要方面（Fukuyama，1996；Newton，1997；Uslaner，1999；Tonkiss，2000；Zak and Kanck，2001）。有相当数量的文献在研究社会资本和经济增长问题时，直接把信任作为社会资本进行分析。因此，本部分通过回顾信任与区域经济增长的相关文献，以期把握目前研究的最新动态并为下文的分析做铺垫。

一、信任与经济增长关系的研究

众多学者强调了信任在经济交易过程中的重要性，这些研究可以认为是Williamson's（1975，1985，1988）交易成本理论的延伸（Beugelsdjik&Schaik，2005）。Arrow（1972）指出，“实际上，所有商业交易都有信任成分在其中，当然交易需要有一定的时间跨度。信任是一个社会经济构建和运作的润滑剂。世界上许多地区经济落后的原因均可以用缺乏相互信任来解释。”经济学家对信任和经济增长的关系进行系统的研究事实上始于20世纪90年代。得出的结论不尽相同，大多数学者认为信任有利于经济增长，有些学者虽然没有完全否认信任有利于经济增长的说法，但基于数据的分析却得出了信任与经济增长并没有显著关系的结论。

（一）信任有利于经济增长

Ring和Van de Ven（1992）指出组织内部和组织间的非正式个人联系在决定组织交易的治理结构时起重要作用。普特南（1993）率先把社会资本引入区域经济差异分析中，并重点分析了信任在经济增长中的作用。他坚信经济增长需要相互得利的合作，认为一个社会如果是以普遍的信任和互惠为主要特征的，这将有助于提高总体经济收益。福山（Fukuyama，1995a）认为非家庭的形式或者普

① 尽管社会资本至今没有统一的定义，比较认可的是普特南（1993）的定义：“社会组织的某种特征，诸如社会信任、规范和人际网络之类的一些特征，它们为了促进共同利益而进行协同合作、降低交易成本，通过协调社会互动提高社会效率。”

遍的信任对经济绩效，特别对于发达经济体来说是非常重要的，信任不仅作为正式制度的替代品，也能够在运作良好的正式制度不能完全安排合约的情况下，起到简化复杂交易的作用。在其随后的研究中（Fukuyama，1995b）也指出，一个国家的福利和竞争力取决于内嵌于这个社会的信任水平。他的这种提法基于，经济活动自身是社会生活的一部分，经济活动的本身也构成了一个社会的规范、规则和道德义务。Gulati（1995）认为交易成本和社会因素对研究企业内部关系和企业合作是重要的。企业之间的重复关系产生信任，随后表现为用合同形式组成的联盟。信任和社会网络内部的相关信息提供了通过第三方控制的可选性，并且成为正式体系的替代品。这种关系简单描述就是，信任降低了交易成本，或者经济体系的运行成本。另外，信任还会使高度不确定性和复杂的交易变得容易，信任能够降低这种交易的不确定性。Uzzi（1996）针对纽约服装行业的研究指出，信任使资源和信息的交换更加容易，而这些资源和信息对高绩效来说是非常重要的，但是通过市场联系却很难估值和转移它们。正如Malecki（2000）指出，“通过网络中的经济和社会关系，多样化信息变得更容易获得”。在讨论到联盟时，Gulati（1998）认为，“信任不仅能使得更多的信息交换成为可能，同时也缓解了（联盟成员）相互影响”。信任可以作为企业之间交流和合作的机制。例如，信任可能导致供应商的表现超出合同的要求，他可能供货更加及时，提供更高质量的商品。Nooteboo（1999）甚至指出，过于详细和正式的合同可能严重阻碍信任的产生，信任和合同保障在一定程度上是替代品。Arrow（1971）对信任是合同和规则的阐述更为明确，“每个人的言语都保持一定的信任是重要的。如果信任缺失，安排替代的制裁和担保的成本非常昂贵的，互利的合作带来的许多机会也将会消失殆尽”。Sen（1999）也指出，信任是市场成功的一个重要因素，如果没有规范和行为规则，一个社会很难顺利运行。

更多的研究还是关注信任在跨国或地区经济增长过程中的作用。Knack和Keefer（1997）的研究是早期比较出色的一篇研究信任在跨国经济增长中作用的一篇经典文献。该研究使用世界价值调查（World Value Survey）中的数据对世界上29个国家进行分析，结果显示：信任对经济增长有着显著的影响，在考虑了内生性问题后，信任与经济增长的相关系数达到0.91。La Porta et al.（1999）使用OLS回归法，对39个国家的截面数据进行分析，使用1970—1993年人均GDP增长率作为被解释变量，发现信任与增长有着显著的正相关关系。Whiteley（2000）在修正的新古典经济增长理论模型框架下，通过使用34个样本国家1970—1992间的数据，检验信任和经济增长的关系，实证检验结论认为，信任对经济增长有正相关关系。Casey（2004）首次用社会资本理论考察社会资本与英国区域经济差异的关系，认为信任对地区经济增长差异确实产生了影响，但这种影响是有限的。Dearmon（2009）的研究认为，各国信任的不同，能够影响物质资本以及人力资本的效率，并最终对各国的产出造成影响。Roman Horvath（2013）检验普遍信任对经济增长的影响，结果显示：信任确实是长期经济增长的一个重要因素，信任水平越高的国家增长越快。在考虑了内生性问题后，该结论仍然成立。该研究还发现，法律制度越弱的国家，信任对经济增长的影响越强。

理论研究方面学者们也进行了有益的探索。Zak 和 Knack（2001）试图从理论角度给 KK 的研究以支撑，该研究把信任作为社会资本的主要方面，提出了一个异质群体交易面临的道德风险问题的一般均衡增长模型，并进行检验，得出如下主要结论：信任取决于交易发生的社会、经济和制度环境；信任能够减少交易成本，高信任的社会比低信任社会产出要高，信任对于成功的经济发展是非常必要的。制度通过影响信任进而对增长产生影响，信任与增长之间存在着稳健的关系。该研究不仅给 Knack 和 Keefer（1997）的研究以很好的理论解释，而且还进一步扩展了其研究样本和期间，并得出了稳健的结论。Ahlerup，Olsson 和 Yanagizawa（2008）分析社会资本能不能成为保证经济增长的正式制度的替代品或者有益补充。该研究基于近来微观的研究证据，即当制度相对来说比较弱的时候，个人之间的相互信任对经济增长有着很大的影响。

近年来，逐渐有学者对先前的研究方法和结论提出了质疑，认为有些文献在数据选择、研究时间段的选择等方面均存在局限，因此一定程度上影响了结果的可靠性，从而尝试了新的研究方法。Berggren，Elinder 和 Jordahl（2008）对信任和增长的稳健性关系提出质疑，该研究扩展了研究的时间段，增加了样本国家，并利用新一波的世界价值调查（WVS）数据库的数据以及新的经济增长数据，采用极值边界分析法（Extreme Bounds Analysis，EBA）分析信任对经济增长的影响，结论认为：尽管信任和经济增长的正相关关系仍旧存在，但两者的关系并没有像以前的文献研究那么稳健，当把一些奇异值去除后，信任和增长的关系不再稳健，信任的系数比以往的结论要小一半。Yann Algan 和 Pieffe Cahuc（2010）认为，以往文献并没有很好的说明信任和经济增长的关系，主要原因是以前大多数研究用的信任指标是截面数据，没有考虑时间的因素。该研究提供了一个揭示信任和经济增长因果关系的一个新的方法，即信任特指遗传信任（Inherited Trust）。研究显示：美国移民的后裔的遗传信任显著地受他们祖先的来源地和移民时间的影响。遗传信任能够解释 20 世纪许多发展中国家落后的原因，并能够解释在这期间发达国家之间的经济差距。但 Muller，Torgler 和 Uslaner（2012）对上述研究使用的数据和研究方法提出了质疑，经重新估算后，他们认为遗传信任和经济增长的关系要比前者估算的弱，但并没有否认信任与经济增长的正相关关系。

也有学者认为应该放在一个更长的画卷中来展示信任在经济发展中的作用。Poudel 和 Paudel（2012）认为，要完全解释为什么有些国家繁荣而有些国家落后，以及为什么有些国家经历了一段时间的繁荣后变得落后，信任的作用不可忽视。印度和中国曾经是非常繁荣的国家，原因在于当时信任使得两个国家感觉更加安全，进而导致公民制度的建立，从而有利于经济交易活动，最终使得两个国家变得更加繁荣。

（二）信任不一定有利于经济增长

尽管大部分的经验分析都支持信任对经济增长的促进作用，但也有学者认为信任并不一定使得集体行动变得容易，进而促进经济发展和增长。Mancur Olson（1982）最先提出了不同的看法，他的研究实际上是针对网络的范畴而不是信任，但仍旧给我们的研究提供了可以参考的结论。奥尔森认为集体行为和经济增长之间的关系是负相关的。集体行动能够破坏国家实施必要改革维持经济增长率的能力。在他看来，稳定的社会存在着积累共谋和组织集体行动的危险。如果一个社会形成了过多的组织，而这些组织是为特殊的利益集团服务的，那么经济增长的效率就会降低，收入会集中在少数人手中，政治生活也会变得分裂。这种观点其实是基于普特南（Putnam，1993）的经验研究结论，即一个充满生气的公民社会是高水平信任的关键。实际上，在公民社会，类似于教堂组织，专业组织，社会运动组织都可以反对政府实施改革的意愿。同样，工会成员的数量也成为高水平信任存在的关键因素（Putnam，1993，2000）。

Beugelsdijk 和 Schaik（2004）用普遍信任作为社会资本的主要指标，选取欧洲 54 个地区作为研究样本，实证分析并没有发现信任和经济增长之间存在显著的关系。作者认为原因可能是选取的信任代理变量并不能真实反映情况。Heliwell（1995）利用 17 个 OECD 国家 1960—1992 年的数据检验信任与经济增长的关系，发现信任和增长之间是呈负相关关系。Roth（2009）通过使用 41 个国家在 1980—2004 年间的信任和经济增长的数据，结果发现在美国等几个 OECD 和英国等 15 个国家中，信任水平与该地区的经济增长负相关，但在拉美等国却呈现正相关，并据此认为信任可能与一国的经济增长呈现倒“U”关系。

二、信任与经济增长：影响机制

信任对经济增长的影响机制究竟是什么？这也是经济学家们关注的另一个焦

点。一般认为，信任作为一种非正式制度，是通过对经济主体的行为约束，进而对经济增长产生影响的。宏观层面，信任主要通过直接效应和间接效应对经济增长产生影响（Barrett，1997；Schmidt，2003）。直接效应表现为影响经济活动的整体效率以及决定交易活动的规模（Fukuyama，1995），早期研究大多关注信任的直接效应，随后信任的间接效应被更多地关注。

（一）信任对经济增长的直接影响

1. 降低交易成本

信任对经济增长的直接影响是通过减少交易成本，促进人与人之间、人与组织之间以及组织之间的合作。高信任的社会产出要远高于低信任的社会产出，原因在于高信任的社会用于监督、强制执行和保护产权的交易成本要低。人们之间相互信任，并不需要花太多的时间和金钱用来保护其产权（Whiteley，2000）。高信任的社会在实施协议时更少的依赖于正式制度，此时人们之间的相互信任、道德规范以及社会网络等社会资本因素在一定程度上可以起到正式制度的作用。另外，高信任社会的人们更容易做出投资的决策，来选择长期最优而非短期的生产技术，这样才更有利于一个社会的长期而不是短期的发展。

2. 有助于解决集体行动问题

高信任水平的国家，理论上讲能更容易解决搭便车的问题。因为，在高信任水平的社会，人们不会那么容易利用公共基础设施，搭便车问题可能会迎刃而解。①

3. 有助于解决委托代理问题

Fukuyama（1996）认为，高信任的社会对合同和法律的依赖程度要低，高信任社会的合作并不必然通过强制的方式。如果人们是在一个相互信任的环境中工作，那么做生意将会变得更加容易，委托代理问题将不会发生。Knack 和 Keefer（1997）也指出，如果一个企业家把大量的时间用来监督合作者、员工和供应商的可能的欺骗，他们用来进行产品生产和创新的时间就会减少；雇佣合同取决于工人努力的程度，实际上这非常难监督。

（二）信任对经济增长的间接影响机制

1. 教育

Coleman（1988）指出信任能够创造出高的人力资本，因为在高信任水平的社会中，子女可以充分利用父母的代际人力资本以及非亲属关系的人力资本，从

① 更为详细的分析见 Hardin（1982）、Ostrom（1990）的研究。

而使辍学率明显降低。这点随后也得到了更多的经验支持。La Portal 等（1997）的实证研究表明信任对基于受教育程度的人力资本存在显著影响。Putnam（2000）通过对美国一些社区的考察也指出，信任对子女受教育程度的影响远大于物质资本和文化水平的影响。信任能够促进基于受教育程度的人力资本积累，高信任水平的社会可以促使主体增加对受教育、进行培训等的投资，进而促进受教育程度的提升。

也有学者指出信任和教育之间的关系是相互影响的，认为信任不是受教育的影响，而是其本身就是建立在教育系统作为社会共同规范的结果，具体通过教师的认可信任和合作行为产生的示范效应，以及使儿童获取信息以及使他们能够更好地理解他人的行为（Knack 和 Keefer，1997；Glaeser et al.，2000；Kanck 和 Zak，2002）。因此，Bjornskov（2012）指出，在具体研究信任与经济增长的关系时，需要谨慎考虑教育的作用。

2. 投资

投资被认为是信任影响经济增长的另外一个传导机制。由于投资是为了将来扩大交易的数量和规模，可以预期，信任会通过增加国内贸易和经济活动影响投资率。Zak and Knack（2001）的理论模型较好地解释了信任通过影响投资，进而对经济增长造成影响。

3. 政府治理（Government Governace）

信任对影响增长的另一个潜在的机制是政府治理水平。这最初源于普特南（1993）及其合作者（Helliwell 和 Putnam，1995）的研究，在他们看来：社会资本的差异导致了意大利各地区的政府治理质量的差异，进而导致了南北区域经济差异问题。Knack（2002）基于美国各州的数据，分析了信任影响政府治理水平的三种机制：首先，高的信任会导致更多的问责，因为政府决策必须反映民众的偏好。其次，当思想存在严重分歧并达成共识的几率比较小时，充足的信任会帮助政治家和选民解决一些类似于囚徒困境等会使双方产生短视的问题，从而降低共识破产的风险。第三，信任水平越高越有利于政策创新，因为值得信任的政治家更有利于传递值得信赖的信号，从而避免了民众对政策的怀疑。相反，在低信任的社会中选民会质疑政策的创新，因为他们担心政策可能会照顾特殊利益集团，从而使得创新很少能够得到公众的支持。

在高信任社会里，个人花费很少的资源就可以避免在经济交易中被人欺骗，也不需要过多担心被人利用，诉讼费也不是太频繁。高信任社会中的人可以动用更少的资源来保护他们自己的财产，避免财产被剥夺。高信任还可以鼓励创新，企业家如果在一个高信任的社会中，就不用把大量的资源浪费在监管一些由合作者、职工和供应商造成的不正当行为，而把更多的时间投入到新产品的创新过程中去。Zak and Knack（2001）则指出，“正式制度和社会同质性对经济增长的影响是建立在信任的基础之上”。

4. 国际贸易

信任能够通过降低交易成本，并最终对国际贸易产生影响，这点被众多文献证实（McCallum，1995；Helliwell，1998；Butter 和 Mosch，2003；Guiso，Paola 和 Luigi，2009；Cary A. Deck，2010）。国际贸易中，交易成本指在追求贸易利益过程中出现的摩擦成本，主要包括交通距离、贸易障碍、关税等传统的交易成本，还包括搜寻成本、控制成本、法律成本以及进行国际支付的成本。一个完整的贸易交易过程中有三个阶段：联系阶段、签订合同阶段、合同执行阶段，三个阶段均会产生交易成本。在三个阶段，信任能够发挥不同的作用，降低交易成本。在联系阶段，买卖双方要获得交易的信息，便产生了交易成本。在签订合同阶段，为了避免今后的诉讼和纠纷，交易双方必须对对方国家的法律制度、文化习惯有所了解，同样会产生交易费用。控制阶段包括合同的监督和强制执行，合同的监督和执行都包含着高的交易成本。如果信任存在于国际贸易的三个阶段，能够有效地起到降低交易成本的作用。

三、国内研究简述及启示

由于受数据的限制，国内对信任与经济增长关系的研究大多局限于规范分析，或者对信任本身进行解释，严谨的实证并不多见，但得出的结论大都认为信任对经济增长是有利的。张维迎等（2002）较早地研究了信任与经济增长关系，该研究基于中国跨省的信任调查数据，揭示信任对一个地区的经济绩效有着显著的影响。杨宇、沈坤荣（2010）运用省际面板数据的研究指出，不同类型的社会资本对中国经济增长的影响不同，信任对中国经济增长具有显著的正面影响。何立华（2009）通过构建动态模型，分析认为较高的社会诚信水平有利于分工以及分工的深化，从而促进经济的发展，而经济发展同样有利于信任水平的提高。王永进等（2010）实证考察了社会信任对出口比较优势的影响，结论认为，社会信任度高的国家倾向于在契约密集度高的产品上拥有比较优势。

经过多年的研究，应该说针对信任与经济增长的基本研究框架已经建立起来，肯定了信任对经济增长的促进作用，但是仍然存在着一些不甚清晰的地方，尚需进行深入的探讨。第一，对于信任问题本身，尚存在许多模棱两可的地方。例如，在许多文献中，对信任（trust）和信用（trustworthiness）两个概念经常混淆，这就使得很多经验研究在信任的度量方面出现了偏差。第二，理论研究方面，尽管目前有大量研究信任和经济增长关系的文献，但是仍旧缺乏完整统一的理论体系框架。很多研究把信任当做社会资本的一个重要方面，或者就把信任等同于社会资本进行分析。另外，对于信任对经济增长的影响机制探讨也有待进一步深入，机制问题解释不清，不利于有效的政策设计。第三，在进行经验分析时，国外文献大多采用世界价值调查和欧洲价值调查两个数据库的调查数据，尽管两个数据库的数据逐渐完善，但要获取完全连续的信任数据仍旧是不可能的。所以很多研究把一个地区（国家）的信任水平假定为短期内不会发生变化，显然这是不符合实际情况的，信任会随着一国的经济增长而发生变化，因此相关实证研究的结论是值得商榷的。第四，国内针对信任与经济增长关系的研究仍旧处于起步阶段，特别是实证研究，由于缺乏有效的信任数据，使得很多试图分析信任与中国区域经济增长的研究受到一定程度的限制，得出的结论也不能令人信服。因此，完整的信任数据是进一步推进相关研究的前提。

综上所述，信任与经济增长的研究目前仍旧存在很多值得进一步研究的空白，就国内而言，我们一方面要加强相关基础理论的研究，同时要加强相关数据库的建设与完善，加强实证方法的运用。只有这样，才能充分搞清楚信任对经济增长的影响机制，从而更好地为制定政策服务。

第三章　社会资本与区域协调发展：基本理论及内涵界定

20世纪90年代初，关于社会资本和经济发展的一系列研讨会在美国举行。很多与社会资本相关的定义性和概念性问题被提及，成为初期研讨会讨论的焦点："社会资本"的含义是什么，把它与其他类型的资本类比有没有用？如何区分社会资本"好"和"坏"的影响？社会资本影响经济发展的机制是什么？社会资本如何影响或干预公共政策？事实上，这些开拓性的研讨会在上述问题仅仅达成了少许一致。但是这并不影响社会资本在随后的20多年时间迅速成为全球社会科学炙手可热的概念和研究话题。当然，社会资本理论也受到许多批评，阿罗甚至公开声称"放弃使用'社会资本'概念"。[①] 尽管关于社会资本概念的争论仍在继续，该理论的研究确实取得了很大的进步（Putnam，2001）。例如，现在学者们基本上认为社会资本的定义应该集中在以下三个方面：信任、社会网络和规范，基本上认可社会资本既有"好"的一面，也有"坏"的一面。

第一节　社会资本理论

社会资本被越来越多地提及，但是由于概念本身的复杂性，使得众多研究并没有形成统一性。有学者试图把尽可能多的因素都纳入到社会资本这个概念里，从而使得这个概念无限膨胀；有学者仅仅用社会资本的某一个方面代替社会资本，试图以偏概全。这两个方向都会给社会资本及其相关研究带来误区。事实上，我们认为，要想把社会资本各个方面研究的面面俱到，几乎是不可能的。

一、社会资本的定义

尽管社会资本被广泛的应用于社科领域研究，但社会资本的定义一直令人难以捉摸。赵家章（2011）曾对国内外社会资本的定义进行了总结，在上述研究的基础上，本部分将从不同的角度，对社会资本的定义进行述评。

---

① ［美］肯尼迪·阿罗. 放弃社会资本［M］. 曹荣湘，选编. 走出囚徒的困境——社会资本与制度分析［M］. 上海三联书店，2003：P225－228.

社会资本最初由 Hanifan（1916）提出①，自 20 世纪 90 年代初频繁的见诸于社会学、政治学、经济学、管理学文献中，成为学界的新宠。有些学者认为社会资本有可能是当前社科领域最多义的概念。科尔曼（1988）的定义较为流行，他从社会学的角度，把社会资本作为人力资本的一部分，它允许社会成员相互信任，并以一种新的组织和协会进行合作。"……社会组织构成了社会资本，能够促进目标的实现，如果没有社会资本，这种目标可能不会实现或者需要高昂的成本"。普特南等（Putnam et al.，1993）把社会资本定义为"能够通过协调的行动来提高经济效率的社会网络、信任和规范"。福山（Fukuyama，1995）认为只有特定的共享规范和价值才应当被当成社会资本，"社会资本是这个社会中的成员共同遵守的一套非正式的价值观和行为规范，它们包括诚实、互惠和信任"。Woolcock（1998）认为社会资本存在于个人社会网络中，能带来互惠的信息、信任和规范。

在随后的研究中，Putnam（2000）将社会资本定义为："……个人之间的联系——社会网络、互惠规范和个体间出现的信任。" Ostrom（2000）认为社会资本是"对团体内成员周期性发生的活动的预期，这种预期源自于共享的知识、理解、规范以及准则。" Bowles 和 Gintis（2002）认为："社会资本即是信任，与人交往的关注、遵守一个社区规范的意愿以及对不遵守社会规范的人的惩罚。"下表给出了有代表性的社会资本的定义（表 3－1）。②

表 3－1 社会资本的定义

学者	定义
Baker	行为人从特殊的社会结构中派生的一种资源并且将这种资源用于追求他们的利益；它是由行为人之间关系的变化产生的（1990）。
Belliveau，O'Reilly&Wade	单个行为人的个人网络和精英附属机构（1996）。
Bouediew	是社会网络成员或群体拥有的实际和潜在的资源的积累，它是由一个特定群体成员共享的集体财产，为群体的每一个成员提供共有资源的支持（1985）。
Boxman，De Graaf & Flap	一组能够被人期望提供帮助的人以及这些人拥有的资源（1992）。

① 对于 Hanifan 来说，社会资本即是指：人们日常生活中应用广泛的无形物质，如良好的愿望，朋友情谊，同情心，个人和家庭之间的社交关系。

② 笔者先前的研究也对社会资本的定义进行了详细的综述，此处不再简单的罗列这些定义，而是试图寻找这些定义的不同。

续表

学者	定义
Burt	朋友、同事和更普遍的联系，通过他们你得到了使用其它形式资本的机会，网络结构给网络中的各个结点提供资源和控制资源的程度（1992）。
Knoke	社会行为人创造并动员的存在于他们之间的网络联系，并利用这种网络联系去获取其他社会行为人的“资源”（1999）。
Portes	个人通过他们的成员资格在网络中或者在更宽泛的社会结构中获取短缺资源的能力—获取的能力不是个人固有的，而是个人与他人关系中包含着的一种资产，社会资本是嵌入的结果（1995）。
Nahapiet and Ghoshal	镶嵌在由个体或者单位拥有的关系网络中的现实或潜在的资源总和。有助于组织建立自己的智力资本，并间接地影响组织优势（1998）。
World Bank,	存在于社会组织中的能促使人们协调一致以实现预定目标的那些规范和社会关系（1998）。
Ostrom	社会资本是对团体内成员周期性发生的活动的预期，这种预期源自于共享的知识、理解、规范以及准则（2000）。
Durlanf and Fafchamps	基于网络过程的研究，这种过程可以通过规范和信任产生有益的结果（2004）。
Serageldi and Grootaert	人际网络以及网络中可调用的资源，信任以及制度与规则（2005）。
Brehm&Rahn	市民之间的协作关系网络，这种网络能够使得集体行动变得容易（1997）。
Coleman	社会组织构成社会资本，有了它目标就变得容易达到，如果没有就很难达到或者必须花费高昂的代价。同时，给出了社会资本的三个不同的形式，即责任和期望、信息引导以及社会规范（1990）。
Fukuyama	人们为了共同目标在群体和组织中共同工作的能力（1995）。存在于一组成员当中，并可以允许这些成员相互合作的一种非正式的规则或者规范，但分享这些价值和规范本身并不能够产生社会资本，因为价值本身有可能是错的，产生社会资本的规范也必须包括诚实、责任和互惠（1997）。
Inglehart	一种信任和容忍的文化，这种文化促使广泛的志愿网络出现（1997）。
Portes& Sensenbrenner	对一个集体内部行为的期望，能够影响经济目标和在成员内部追求目标的行为，即使这种期望不是经济方面的（1993）。
Putnam	社会资本涉及到社会组织的特征，例如信任、规范和人际网络，它们能促进为了共同利益而进行的协同合作（1995）。
Bowles and Gintis	即是信任，与人交往的关注、遵守一个社区规范的意愿以及对不遵守社会规范的人的惩罚（2002）。

续表

学者	定义
Loury	存在于个人社会关系中的那些能促进或帮助个人在市场中获得技能或其它有用价值的资产（1977）。
Nahapiet& Ghoshal	嵌入于个人或者社会单元拥有的网络关系的实际或潜在的资源总和。社会资本包括可以通过网络被动员的网络和资产（1998）。
Pennar	能够影响个人行为和经济增长的社会关系网络（1997）。
Schiff	能够影响人们之间关系和生产函数投入要素的社会结构元素的集合（1992）。
Woolcock	存在于个人社会网络中能带来互惠的信息、信任和规范（1998）。
Lin Nan	一种嵌入于社会网络的资源，可以被当事人获得并应用于行动。通过社会关系所获得的资本，社会资本是埋藏在社会网络中、活动者为了其利益可以接触和使用的资源（2001）。
Seralgeldin and Grootaert	把社会联系起来的一种纽带，或者说是一种规范、网络以及组织，通过这些当事人能够获得相应的资源（1997）。
Cohen	是人们之间积极的联系构成，它包括相互信任、相互理解以及共同的价值观和行为理念，这样的联系可以把人际网络或是各种社群中的每一个成员紧密地团结在一起，进而使社群合作变成一种可能（2002）。

注：此表综合了 Adler & Kwon（2002）和笔者先前的研究。①

一般认为，国内对社会资本理论的研究始于20世纪90年中后期，利用社会资本理论解释中国区域经济发展是近年来的尝试。国内早期研究针对社会资本的定义进行了研究，其中有代表性的有：张其仔（1999）；陈健民、丘海雄（1999）；边燕杰、丘海雄（2000）；杨雪冬（2000）；周红云（2007）；张克中（2010）等。近年来，尽管国内越来越多的研究关注社会资本在区域经济发展中的作用，但针对社会资本概念本身的研究似乎并没有明显的增加。

二、本研究对社会资本的定义

从社会资本的定义，我们可以得到以下几点启示：（1）社会资本能够在组成员间产生正的外部性；（2）这些外部性的取得是通过共享的信任、规范、价值；（3）共享的信任、规范和价值产生于基于社会网络和协会的非正式组织。社会资本的研究是基于网络的过程，这种过程通过规范和信任产生有益的结果（Durlauf 和 Fafchamps，2005）。莱瑟（Lesser，2000）认为目前社会资本的研究归纳起来主要有两种研究思路：“一种思路是把社会资本看作是有利于当事人行

① 赵家章．社会资本与中国区域经济差异研究［M］．北京：首都经济贸易大学出版社，2011.

动的资源，这种资源存在于当事人与其他人联系起来的社会网络中。社会资本像物质资本和人力资本一样，是属于个人的，一个拥有更多社会资本的人就比一个拥有更少社会资本的人更容易获得成功和好处。这种观点被称为以自我为中心（ego - centric）的网络分析”；“另一种研究思路是把社会资本看作是团体、组织、社区、地区或国家等集体中的一员，而不是独立的个体。集团内部的凝聚力能够为集体中每个人产生利益。这种观点反映在以社会为中心（social - centric）的网络社会学的分析中”。

本研究仍旧认同普特南（1995）的提法，即社会组织的特征，诸如信任、公民参与网络以及规范，它们能够通过促进合作行为来提高社会的效率。其中信任是社会资本的最主要内容，信任产生于互惠规范和公民参与网络，而参与网络必须建立在信任、互惠和合作等基础上才能认为其具有社会资本的属性。因此，本研究延续笔者先前关于社会资本的定义①并稍作修改，即社会资本是一种对经济体的生产能力有影响的、人们之间所构成的一系列联系（Contact），这种联系主要包括信任、社会网络（协会参与）、规范及社会结构。它主要通过促进集团内成员利益协调与合作，增进信息共享、协调行动从而对经济增长发挥作用。具体到区域经济增长中的社会资本，指的是内生于区域社会发展过程之中的，对区域经济增长具有重要积极影响的区域社会信任体系、区域社会规范、区域社会（参与）网络、区域社会结构的综合。②

第二节　区域协调发展：概念界定及理论

一、概念界定

协调发展是包括经济、自然和社会各系统的均衡发展，应当充分发挥各要素的优势和潜力，使各个要素相互配合，发挥整体功能。对于区域协调发展概念本身的表述，学者们给出了不尽相同的观点。胡乃武等（1995）认为区域协调发展意味着，各区间经济都具有较强的自我发展能力和潜力，各区间的要素能够按照市场经济要求自由流动，区域间横向经济联合得到广泛实现。覃成林（1997）将区域协调发展的内涵定义为：区域之间在经济交往上日益密切、相互依赖日益加深、发展上关联互动，从而达到各区域的经济持续发展的过程。陆大道（1997）

① 此处的定义与笔者先前的定义稍显不同。

② 此处的定义借鉴了金丹（2012）的研究。

认为协调发展的基础是建立在发挥各自优势和产业分工基础上的互补与合作，并逐步建立一体化的经济合作机制，是地区协调发展的高级形式。孙丽文、金浩（2003）认为，区域协调发展的关键在于“协调”，核心在于“效率”，通过“协调”来实现“效率”。王琴梅（2007）则认为区域协调发展的本质含义是“效率”与“公平”，实现区域利益的“分享式改进”，最终实现各区域的共同富裕。陈秀山等（2008）对区域协调发展的理解是：区域发展过程中，实现宏观（空间）经济效率与区域公平的统一；区域关系协调中，实现区域合作与区域竞争的统一”。范恒山等（2012）认为，所谓协调发展，就是促进有关发展各系统的均衡、协调，充分发挥各要素的优势和潜力，使每个发展要素均满足其他发展要素的要求，发挥整体功能，实现经济社会持续、均衡、健康、发展。

随着社会发展问题、环境保护问题受到越来越多的重视，区域协调发展的内涵不断拓展。经济发展和社会发展的协调、经济发展中人与自然的和谐都成为区域协调发展的重要组成内容（潘文轩，2011）。例如，杜鹰（2008）就认为，区域协调发展应该包括人与自然、经济与环境的和谐状态。范恒山（2011）认为，新时期区域协调发展的内涵应该包括五个方面：一是各地区人均生产总值差距应保持在适度范围内；二是各地区群众能够享受到均等化的基本公共服务；三是各地区比较优势能得到合理有效的发挥；四是不同地区之间形成优势互补、互利共赢的良性互动机制；五是各地区人与自然的关系处于协调和谐状态。张可云（2007）定义区域经济协调发展是在区域经济非均衡发展过程中不断追求区域间的相对平衡和动态协调的发展过程；区域协调发展战略的最终目标是区域和谐，而区域和谐是和谐社会的重要内容之一。郝寿义（2007）则认为，区域协调发展是不同区域基于自身要素禀赋的特点，确定不同要素约束条件下的开放模式，形成合理的分工，同时在政府的调控下，保持区域间的发展条件、人民生活水平的差距在合理的范围内，人与自然之间保持和谐状态下的发展状态。姜文仙（2011）认为区域协调发展是不同区域在相互联系、彼此依赖的区域系统中相互作用实现区域利益共同增进的过程与状态。区域协调发展是在区域利益冲突发生—化解—新的冲突产生—再次化解……的往复推进过程中，不仅保证区域总体利益增加，也确保任一区域的利益增加不以牺牲其他区域的利益为代价。

二、区域均衡发展理论

均衡发展或平衡增长是区域经济发展的一种方式。区域均衡发展理论是从发展经济学的有关理论引进并发展而形成的。

（一）罗森斯坦-罗丹的大推进理论

该理论由经济学家罗森斯坦-罗丹（Rosenstein – Rodan）提出，主张发展中国家和地区对国民经济各部门同时进行大规模投资，以促进这些部门的平均增长，进而推进经济全面高速增长。该理论的论据和理论基础建立在生产函数、需求、储蓄供给三个“不可分性”上面。该理论的核心思想是：要克服由于地区市场狭小、投资有效需求不足和资本供给不足的双重发展障碍，发展中国家必须全面地、大规模地进行投资，给经济一次大的推动，从而推动整个国民经济的全面、均衡、快速发展，使发展中国家走出贫困的恶性循环。

（二）纳克斯的贫困恶性循环理论

该理论由美国经济学家 R. 纳克斯（R. Nurkse，1953）提出，他认为，发展中国家长期贫困的原因，并非国内资源不足，而是因为经济中存在若干互相联系、互相作用的“恶性循环系列”。具体来说，从供给方面看，资本形成有一个恶性循环。发展中国家人均收入水平低，低收入意味着低储蓄能力，低储蓄能力引起资本形成不足，资本形成不足又会导致生产规模难以扩大，生产率难以提高，低生产率造成低产出，低产出又造成低收入，这样周而复始形成一个恶性循环；从需求方面看，资本形成同样面临恶性循环。发展中国家的低收入意味着低购买力，低购买力引起投资引诱不足，投资引诱不足会造成资本形成不足，资本形成不足使得生产规模难以扩大，生产率难以提高，低生产率又造成低收入，这样周而复始形成一个恶性循环。两个循环互相影响，使经济状况无法好转，经济增长难以出现。

三、非均衡发展理论

（一）佩鲁的增长极理论

“增长极”概念是法国经济学家弗朗索斯·佩鲁（Francois Perroux，1950）首先提出来的，他把经济空间中在一定时期起支配和推动作用的经济部门（产业）称为增长极。增长极是围绕推进型的主导工业部门而组织的有活力的高度联合的一组产业，它不仅能迅速增长，而且能通过乘数效应推动其他部门的增长。因此，增长极至少包括三种内涵：某一推进型产业或企业；地理意义上的空间单元，即区位条件优越的地区；经济意义上和地理意义上的拥有推进型产业的城市。增长极理论提出后，许多国家从城市与周围地区相互联系的角度出发，把增长极看成是加快区域发展，尤其是加快落后地区经济发展的地域组织模式，被许多国家用来解决不同的区域发展和规划问题。

（二）区域经济梯度推移理论

该理论的基础是美国学者拉坦·弗农（Ruttan Vernon）等人提出的工业生产的产品生命周期理论。该理论认为工业各部门以及各种工业产品都处在不同的生命周期循环阶段上，即创新、发展、成熟、衰老四个阶段。区域经济学者把该理论引入到区域经济学中，提出了区域经济梯度转移理论，认为区域经济盛衰主要取决于其产业结构优劣，而产业结构优劣又取决于区域主导产业部门在工业生命循环中所处阶段。如果处于创新和发展阶段，则会在以后一段时期保持快速发展的势头，就属于高梯度地区；反之则属于低梯度地区。①

（三）循环累积因果论

诺奖获得者缪尔达尔（G. Myrdal，1957）提出了“地理上的二元经济”结构（geographical dual economy）理论，后经卡尔多等人发展并具体化。缪尔达尔认为，某些地区受外部因素的作用，经济增长速度快于其他地区，经济发展就会出现不平衡。这种不平衡发展会引起“累积性因果循环”，使发达地区发展更快，发展慢的地区更慢，从而逐渐增大地区经济差距，形成地区性二元结构。因此，不发达地区的政府应制定相应的政策来发展自己的经济，缩小这种差别。该理论提出两大效应，即回流效应和扩散效应。所谓回流效应指的是落后地区的生产要素会受要素差异的吸引自发地向发达地区流动，并最终导致落后地区要素不足，发展更加缓慢。扩散效应指的是经济发展到一定的水平，发达地区的生产要素会向落后地区流动并促进落后地区的发展。

（四）核心区－边缘区理论

该理论由美国经济学家 A. 赫希曼（Hirschman，1958）提出，他认为，经济发展不会同时出现在一个地区或国家的所有地方，而一旦出现在某处，在巨大的集聚经济效应作用下，要素将向该地区集聚，该地区经济增长加速，最终形成具有较高收入水平的核心区。与核心区相对应，周边的落后地区称为边缘区。核心区的增长将会对边缘区的增长产生有利和不利的影响，分别称为“涓滴效应”和“极化效应”。在这一过程中，极化效应往往大于涓滴效应，因而市场的力量往往使区域间的差别扩大。

第三节　社会资本的测量

与对待社会资本概念本身一样，众多研究试图度量社会资本以及其对经济发

---

① 此处参考了范恒山、孙久文等（2012）的研究。

展的贡献。但这些努力却困难重重，原因在于在社会资本概念上我们还没有达成一致。诚如达斯古普塔（Dasgupta，2000）指出的，社会资本非常难以测度，并不是因为人们公认关于社会资本的数据较少，而是因为我们不清楚应该测度的对象。因此，涉及到社会资本的度量问题时，学者们尽量站在务实的角度，先对社会资本进行定义以使度量变得更加容易。在社会资本的概念和度量上之所以没有达成一致，主要有两点原因：一是可能学术界对社会资本概念本身的过度使用，所有被用于度量社会资本的指标试图量化这种无形概念，但却总是避免对其进行归类（Durlauf, 2002）；二是学术界内部缺乏足够的交流，每个人都试图提出自己的社会资本概念（Paldam，2000）。

Stephen Knack（2002）在综述社会资本与经济增长相关经验研究时，把社会资本分为两类：一类是广义层面的社会资本，即政府社会资本（Government Social Capital），代表能够影响人们为了相互利益而合作的政府制度，这里的制度包括合同的强制执行力、法规、国家允许的公民自由等方面。另一类是民间社会资本（Civil Social Capital），主要包括普遍的信任、道德规范、非正式网络和协会活动。在解释为什么划分这两类社会资本时，他认为，社会规范、普遍信任、与正式的合同有着类似的功能：它们能够减少不确定性和交易成本、增强交易效率、鼓励分工、提高对智力及人力资本和物质资本的投资。①

一、政府社会资本

有些学者从公民自由权（Civil Liberties）和政治自由（Political Freedom）两个角度对政府社会资本进行度量，其他学者则从政治暴力的频率（Frequency of Political Violence）或者主观政治风险排名（Subjective Ratings of Political Risk）角度对其研究。

Kormendi 和 Meguire（1985）的研究较早从公民自由权的角度对此给予了关注，该研究基于国际金融统计数据中 1950—1977 年间 47 个国家人均 GDP 的平均增长率和投资与 GDP 的比率，检验经济绩效和公民自由权之间的关系。结果发现：公民自由度与经济增长的关系很大程度上是由公民自由度与投资和 GDP 的比率决定的，高的公民自由度意味着高的投资比率。Grier and Tullock（1989）将类似的研究应用于 113 个国家样本，但与上述研究不同的是，该研究利用“政治基础设施”代理变量代替公民自由权，并分别对拉美、非洲和亚洲国家进行分组

① 我们同样参考 Knack（2002）的划分方法，从政府社会资本和民间社会资本这两个层面对相关经验研究综述，主要分析这些研究如何对社会资本进行测量。我们重点关注民间社会资本。

回归，结果发现对拉美和非洲国家来说，“政治基础设施”与经济增长率负相关，对亚洲国家增长率没有影响。Scully（1988）使用公民自由权和其他由Gastil（1990）提出的指标作为度量“制度框架”的指标，使用“司法独立性”作为法规的代理变量，研究发现：有着更高水平公民自由权的国家比低水平公民自由权国家的收入水平高两倍。但上述研究忽略了两者之间因果关系的研究。Bilson（1982）发现公民自由权和人均收入有着非常强的关系，他认为经济绩效能够决定自由度。Knack 和 Keefer（1995）也发现，公民自由权和政治自由度有着微弱的联系。

20 世纪 90 年代的研究开始把 Gastil 的政治自由度和公民自由权指标用于度量民主。Barro（1996）和 Helliwell（1994）发现 Gastil 指数只有在忽略教育程度和投资率的时候才与经济增长率呈正相关关系，因此他们推断任何民主对增长的有利影响可能通过要素积累渠道。Barro，Helliwell et al.（1994）认为收入水平和民主的正相关关系取决于收入对民主的影响。这个观点与 Lipset（1959）的研究结论一致。Isham et al.（1997）分析了“政府治理质量”对工程项目的收益的影响，这些工程项目是由世界银行在 1974—1993 年间支持发展中国家发展的，结果发现有着更高公民自由权的国家收益率较高。

Barro（1991）的经典经验研究分析了政治不稳定性对增长的影响，该研究使用每年发生暴动和政治攻击的次数度量政治不稳定，结果发现这些指标与1960—1985 年的增长率和私人投资占 GDP 的比率呈显著负相关关系。内生性问题可能是暴动指标的一个严重的问题，Barro 认为，暴动和增长的关系可能是取决于增长对政治稳定性的影响，而不是相反。随后的经验研究也没有得出一致的结论。

越来越多的研究考虑国家政治风险问题，目前学者们主要依据国际国别风险指南（International Country Risk Guide，ICRG）和商业环境的风险智慧（Business Envrionment Risk Intelligence，BERI）所提供的指标进行研究。Knack 和 Keefer（1995）认为主观政治风险应从五个方面度量：政府腐败；法律；征收的风险；政府否认合同；官僚质量。

二、民间社会资本

民间社会资本主要从两个大的渠道影响经济绩效，微观经济（与信任相结合）和宏观政治（与协会活动相结合）。微观经济层面，社会关系（Social Ties）和人际信任（Interpersonal Trust）能够减少交易成本，帮助合同的实施，提高投资者的信用。宏观政治层面，社会凝聚力（Social Cohesion）和公民参与（Civil

Engagement）能够加强民主治理（Almond 和 Verba，1963），提高公共管理的效率和诚实度（Putnam，1993），提高经济政策的质量（Easterly 和 Levine，1997）。目前的研究情况来看，微观经济层面的理论研究[①]要比宏观政治的研究[②]更为完善。事实上，有些经验研究仅仅说明民间社会资本对经济绩效的影响，并没有完全对两种渠道进行区别。

（一）公民社区和政府治理

Putnam（1993）认为社会资本在解释意大利各地区不同经济绩效方面能够起到一定的作用。在《使民主运转起来》一书中，Putnam（1993）分析了意大利各地区不同的制度绩效（institutional performances）。首先，他把制度绩效看做自变量，来刻画制度变迁如何影响身份、权利和政治家的策略。其次，他把制度绩效看做因变量，来考察历史事件是如何影响制度绩效的。在对意大利各地区研究完后，Putnam 试图把同样的研究应用于美国民主危机的研究，考察这种危机是不是由于社会资本的降低造成的（Putnam，1995；2000）。“独自打保龄”（Putnam，2000）被认为是美国在过去 40 多年协会主义和公民精神下降的最为形象的比喻。该研究中 Putnam 从两个方面测量了美国社会资本：第一，美国人的政治参与情况，用投票率和对政府的信任程度来表示；第二，美国人参与公共事务的情况，用美国参加各种社会组织的人数来表示。按照 Putnam 的解释，美国社会资本下降的原因有四个方面：男人工作时间的下降；女人工作时间的上升；伴随着城市化上下班的时间上升；电视以及电子休闲产品的出现。Putnam 的分析引起了激烈的争论，与此同时也带来了社会资本理论的快速发展。Helliwell 和 Putman（1995）对该假说进行检验，结果发现三个社会资本指标均与经济增长有着显著的正相关关系。

Paxton（1999）修订了社会资本下降的假设，并认为 Putnam 使用了误导的指标去度量它，因为公民参与行为应该是社会资本的结果，而非其构成形式。按照 Paxton 的说法，Putnam 过度地使用了社会资本的概念，提出了一个并不能被其经验分析所验证的理论框架。Paxton 提出了自己的度量方法，他的度量方法主要是基于调查数据，即美国全国社会调查（General Social Sruvey）数据。在他之后，使用调查数据这种方法成为度量社会资本的标准选择。Paxton 主要从两个维度构建他的社会资本指标：协会活动和信任。协会活动主要是基于三个指标：与邻居每晚的娱乐活动，与朋友每晚的娱乐活动，志愿组织的会员。这三个指标的

① Greif，1993；Zak 和 Knack，2001.

② Alesina 和 Drazen，1991.

得分越高，说明社会参与度越高。因为，越喜欢参加社区和社会活动的人更容易对政府和他人提供的服务满意（Argyle，1992）。信任维度则包括两方面内容：对个人的信任和对组织的信任。第一个方面度量的是对他人的信任和行为的公平性，第二个方面度量的是对宗教组织、教育体系和政府的信任。Paxton 认为除了对个人的信任外，1975—1994 年间美国总体的社会资本并没有降低。

Costa 和 Kahn（2003）提出了一个与 Paxton 类似的方法，他们从四个方面度量社会资本：志愿活动；政治协会的会员；花费在个体活动上的时间；花费在社会活动上的时间。他们证实了 Putnam 关于美国社会资本下降的假设，但是提出了一个不同的解释模型，即收入不平等的扩大和社区异质性的增加是导致美国社会资本下降的最主要的原因。

Hall（1999）和 Rothstein（2001）检验了英国和瑞典社会资本下降的假设。Hall（1999）认为，与美国一样，英国在 20 世纪 50 年代有着高度发达的公民文化，即高水平的信任、好的公民组织和较强的政治参与。该研究认为，尽管历史上有些类似，但当时的英国并没有像美国那样经受着社会资本的下降，主要有三个原因：教育水平的提升、阶级结构的变化以及中产阶级的大量出现。Rothstein（2001）试图通过度量瑞典社会资本的变化来检验 Putnam 的假设，经过对调查数据的分析，他认为瑞典自 20 世纪 50 年代后社会资本是上升的，他度量社会资本的指标是志愿组织和信任。

（二）普遍信任

Fukuyama（1995）可能是第一个把跨国经济差异归因为信任的学者，但他的经验证据大都是定性分析而不是定量分析。他认为，高水平的信任能够通过降低交易成本来提高经济效率。La Porta et al.（1997）和 Knack 和 Keefer（1997）使用世界价值调查（WVS）数据检验 Putnam 和 Fukuyama 的假设。结果发现，信任与关于政府效率、腐败和基础设施的主观排名是有关联的。Knack 和 Keefer 还发现，人们之间的信任还能够预测世界价值调查中对政府制度的信心，并且验证了信任在经济发展中的重要作用，给予 Arrow“大部分地区经济的落后可以用互信解释”的观点以支持。Knack 和 Keefer（1997）和 Zak 和 Knack（2001）关于信任与经济绩效的研究是最具代表性的。Whiteley（1999）使用了不同的方法测量社会资本，他认为，只有包含了善意的社会关系才可能产生出合作行动。因此，只有两种类型的信任，即对个人的信任和对国家的信任才可能构成社会资本。进一步，他认为信任应该是测量社会资本的唯一要素。

（三）协会参与（团体成员）

Putnam（1993）把水平的会员活动看做对经济绩效有利的信任和社会关系的

来源。Olson's（1982）则不这么认为，在他看来，这些协会会产生寻租行为，对增长是不利的。在 Knack 和 Keefer（1997）的研究中，他们使用世界价值调查数据，该调查询问受访者是否属于 10 种组织中的一种，并计算得出一个国家每个受访者平均加入的团体数，在此基础上进行回归分析，结果认为：团体会员与经济增长不相关，与投资率负相关。该结果不支持 Putnam（1993）的判断，对 Olson（1982）的判断也仅提供了轻微的支持。Knack 和 Keefer 推测两种判断都可能正确，只不过是普特南（Putnam）所坚持的积极效应抵消了奥尔森（Olson）所坚持的消极效应。因此，他们尝试了另外一种检验方法，把团体会员分为两种，一种是主要基于社会目标的，例如：宗教组织、青年组织、教育、艺术和文化活动团体，称为“普特南组”（Putnam Group）；一种是可能成为游说团体的组，例如：贸易联盟、政党、专业协会，称为“奥尔森组”（Olson Group）。实证结果发现，奥尔森组对增长或投资率没有显著影响。令人疑惑的是，普特南组对投资有着显著的负向影响，对增长没有任何影响。

那么，如何来解释这种令人吃惊的结论呢？Knack（2002）认为，可能是世界价值调查（WVS）关于团体会员的调查不太准确，其划分的组较为广泛，使得很难将具有寻租活动的组织与社会组织区分开来。其实，Putnam（1993）和 Olson（1982）的观点有着一定的理论缺陷。Putnam 认为，协会灌输给会员的是合作、团结以及公共精神，但是很多社会组织被不同的阶层、职业和种族所分割，组织内部会员间有着好的协作和信任，但会员与非会员之间却可能是更多的不信任。Olson 关于增长和组织的预测忽视了这一点，参与到特殊利益集团游说活动的专业贸易协会或团体，有可能起到加强道德准则和标准的作用，而这些道德准则和标准是有利于信任的建立的（Bergsten，1985），也有可能通过传播欺骗人的身份信息来减少交易成本（Bernstein，1992）。

（四）社会极化（Social Polarization）

有些研究聚焦于研究民族分裂和不平等对经济增长的影响，影响渠道是通过信任、社会凝聚力和经济政策的制定以及暴力冲突。Easterly 和 Levine（1997）的研究发现，在控制了常用的影响经济增长的因素后，种族多样性的社会比其他社会增长的更慢。种族单一的社会（例如日本）的增长率要比种族多样的社会（例如坦桑尼亚）高 2 个百分点。种族多样化与一系列政策无效率指标相关，包括高的黑市货币溢价、高腐败、低入学率、金融发展不足、落后的基础设施。Easterly 和 Levine 认为，种族分裂增加了公共物品偏好的极化，阻碍了它们的供应。种族分裂的社会更容易出现寻租活动，某个种族可能为了自己的利益，不惜牺牲其他种族的利益进行寻租活动。Keefer 和 Knack（2002）建立了偏好极化情况下的社会选择模型，发现产权在高极化社会更不稳定，他们度量极化的指标不仅仅选择了种族紧张和异质性，还选择了收入和土地的不平等程度。进一步检验为什么不平等与低增长是相关的，他们认为，两者的相关性至少是与产权的不确定有关。Rodrik（1999）认为社会冲突是理解为什么许多国家在20世纪70年代中期经历增长下滑的关键因素，该研究建立了一个社会冲突的模型，该模型认为一个国家对外部冲击调整的能力是“潜在社会冲突”和“冲突管理制度”的函数，并认为，那些经历了下滑的国家都有着一定程度社会的分裂以及较弱的冲突管理制度。

三、简单述评

政府社会资本和民间社会资本无疑是广义社会资本的两个最主要的部分，但实际上目前学者们的研究主要沿着民间社会资本的这个思路来进行。对中国区域经济研究而言，各地区有着相同的政治制度，直观的理解是政府社会资本不会有太大的差别，因此对区域经济差异的影响可以忽略不计。因此，本研究也将主要沿着民间社会资本的思路来拓展，即本研究主要考察的是中国各区域层面的普遍的信任、道德规范、非正式网络和协会活动。以下将给出本研究区域社会资本的内涵。

第四节　本研究区域社会资本的内涵

Uphoff（1999）提出了另一种分类方法，他将社会资本划分为结构型（Structural）社会资本和认知型（Cognitive）社会资本两个维度。结构型社会资本是指客观的或具体的网络和组织，是通过依靠规则、程序和先例建立起来的角色与社会网络来促进共同受益的集体行动，它是相对客观的，表现为一种可见的形式，并可以通过群体的有意识行动来进行设计与改进（赵延东等，2005），包括各种社区组织、机构、俱乐部等等，主要以网络参与水平来度量；认知型社会资本指共享的规范、价值观、信任、信仰和态度等，是一个较为主观的概念，它是内在于个人的，驻留于人们的头脑中，比较难于改变，主要以信任水平来度量。

一、区域信任

信任是社会资本的重要组成部分。不同学科对信任有不同的解释，信任是一种复杂的社会与心理现象，涉及到很多层面和维度，研究者倾向于从不同的学科角度对信任进行研究。文献中，也没有形成完全统一的信任定义。从经济学角度看，信任更多地表现为交换和交流的媒介，信任能够降低交易成本，进而促进经济增长。Arrow（1972）则认为，信任是一个社会经济构建和运作的润滑剂和包含交易行为的基本要素。按照 Putnam（1993）的定义，信任是一种习惯，这种习惯形成于一个多世纪长的人与人之间水平网络，包括商业和市民活动。Fukuyama（1995）将信任定义为"在正式的、诚实和合作行为的共同体内，基于共享规范的期望"。并认为信任是由文化决定的，不同的文化有不同的自发团体。

把信任作为一种合作倾向，经济学家们主要有两种观点。一种观点植根于重复博弈理论，认为信任是重复博弈的结果，人们追求长期利益会导致信任。因此，在重复的囚徒困境中，高的信任水平导致更大的合作可能（David Kreps，et al.，1982）。另一种观点则基于经济实验，认为即使一次性的博弈，人们也是合作的。这种观点倾向于认为，人们期望对手一定会公平或者选择合作行为，即使不希望再与其合作。实际上，两种观点都认为，更高的信任会有更多的合作。La Porta 等（1997）认为，信任并不是真正外生的，信任可能随着一个社会（组织）制度的完善而提升，这点在大的组织中尤为明显。Greif（1989）指出，信任是贸易壁垒和交易成本的主要来源，"一个人除非认为对方会忠实的执行合同，不然他不可能和对方进行交易"。Zaheer et al.（1998）总结到，信任可以视为当考虑到合作者的义务、行为的可预见性、以及存在投机行为时行动和谈判的公平性，对合作者可靠性的期望。Paldam 和 Svendsen（2000）认为信任是相互的期望，这种期望是基于社区内部普遍共享的规范、日常的协作行为产生的。Gambetta（2000）在其著作《信任：合作关系的建立与破坏》中，通过总结不同学者关于信任的定义，给出了信任的如下定义："信任某人意味着确信当把某些机会给这个人的时候，他或她不太可能给我们带来伤害"。

尽管学者们从不同角度对信任进行定义，纵观现有文献，基本从以下三个方面区分信任：厚信任（Thick Trust）；人际或普遍信任（Interpersonal or Generalize Trust）；系统或制度信任（Systemic or Institutional Trust）。[①] Newton（1997）和 Williams（1998）把由家庭网络产生的信任称为厚信任。人际或普遍信任则被定义为由现代社会中更为松散的、次要的关系产生的，主要是基于素不相识的人的日常交往形成的关系。大多数学者在研究信任与增长的关系时，实际上指的是这一层面的信任，也是本研究所指的信任。人际信任是社会团结的一个非常好的指标，在一定程度上也反映了一个社会的凝聚力。第三个层面的信任，系统或制度

---

① Putnam2000，p. 137；Newton 1997，p. 578，ff.；Luhmann2000.

信任，指的是人们对某种机构的信心。当讨论这个层面的信任时，主要集中于讨论人们对议会、警察、军队和大公司的信任。

二、区域规范

社会规范其实是能够灌输给公众合作的态度。一般研究把公民态度和社会行为作为社会规范的两个方面。公民态度代表互惠嵌入在社会中的规范。互惠或者相互的责任广泛存在于如下情况，即当人们相信他们对别人的态度和行为会在将来得到回馈时，互惠的规范能够减少欺骗的概率（Dan Lee，et al.，2011）。

社会行为，通常用法治、法律起源、公共腐败来度量，代表着人们在多大程度上接受和遵守社会规则。一个有法治的社会，即正式的法律和非正式的规则紧密联系的社会，这个社会往往有着较高的信任水平，因为人们预期其他人行为会比较得体（Ostrom，1999）。法律起源一般和法律执行质量和产权保护相关；公共腐败阻碍社会信任，因为在一个腐败的社会里，规范就表现为不诚实的竞争。

三、区域社会网络（协会参与）

社会网络的概念最早源自社会学，社会网络在我们社会生活中的独特作用早已被关注。近年来社会网络被引入经济学，其在经济生活中的重要作用被越来越多的提及到，学者们目前主要关注其在劳动力市场（Kaivan Munshi，2003）、国际贸易（James E. Rauch，2001）、产业组织（Rachel E. Kranton and Deborah F. Minehart，2001）以及经济发展（Oriana Bandiera and Imran Rasul，2006）中的作用。①

社会网络的最初概念大概始于20世纪60年代，指的是“人与人之间、组织与组织之间由于交流和接触而发生、存在的一种纽带”（Grabher，1993）。② 社会网络③是一个结构概念，它是个体之间由社会关系构成的一个相对稳定的系统。Podolny &Page（1998）定义社会网络是一群有着重复持久的交易关系的人组成的团体。Granovetter（1995）则定义社会网络是一群熟知相互特性的人组成的团体。这两种定义都相当宽泛。从目前的研究现状来看，目前关于社会网络的形成

---

① 斯坦福大学 Matthew O. Jackson 教授于2008出版了《Social and Economic Networks》（Princeton University Press，2008），该书对社会网络进行了详细的分析和归纳，感兴趣的读者可以参考，James E. Rauch（2010）的一篇综述文章从对该书进行了详细点评，目前该课程的网络课堂也已经在斯坦福大学公开，读者可以免费获取相关资源。

② Grabher，G.，et al.，1993，The Embedded Firm：The Socioeconomic of Industrial Networks，London：Routledge.

③ 有的研究也将社会网络称为协会活动，本文沿用社会网络的提法。

主要有两种不同的理论观点，分别是以 Bourdieu 为代表的社会资本观点和以 Burt 为代表的结构空洞观点。[①] 按照 Bourdieu（1984）的观点，社会资本是一个用来强化个体或企业之间行为规范的手段，可以产生两方面的作用：一方面，社会资本可以充当一种资源，以网络的方式促进组织之间的合作，帮助企业获取资源；另一方面，社会资本代表对各方合作的一种规制要求，强化各方对这种网络的依赖，并按照已有网络的特征和规范，去继续搜寻符合这种特点与规范的新的合作者，以增加组织的社会资本（刘庆林等，2004）[②]。

社会网络（协会参与）被认为是社会资本的另一个重要方面。当社会网络被特定的经济发展方式所利用，就构成了社会资本。相比于信任，社会（参与）网络对区域经济增长的关系在理论层面的研究并不是特别清晰（Bertrand et al.，2000）。有的学者认为，社会（参与）网络能够通过协调行动提高社会的效率，进而对区域经济增长产生有利影响，其代表人物是普特南（Putnam）。以奥尔森（Olson）为代表的学者认为如果一个社会形成了过多的组织，而这些组织是为特殊的利益集团服务的，那么经济增长的效率就会降低，收入会集中在少数人手中（Olson，1982）。

Putnam et al.（1993）认为，网络关系通过协调行动提高了社会的效率。他们针对意大利各区域的研究认为，要解释清楚各区域政府有效性和区域经济绩效的差异，必须从社会结构的差异方面探寻答案。有效的政府治理是联系公民参与和公民网络结构的关键。在那些社会关系更加水平的地区，基于信任和共享的价值，社会组织的参与更高，社会资本水平也更高。因此，他们断言，那些区域治理更为成功和经济更有效率的地区，一般是以水平关系为特征的，因为水平关系能够培育更多的公民参与网络和更高的社会组织水平。Putnam 之所以特别关注公民社区会员是因为“在一个公民社区的市民，尽管不是无私的圣人，但他们会更多的关注公共领域而不是过多地追求个人利益”。如果从这个角度考虑，更少的资源被用于分摊交易成本。Leonardi（1995）指出，高的社会资本意味着市民是接受在追求集体物品时集体行动的积极角色的。

Putnam 同时还指出，民间协会（Civil Associations）对民主政府的有效性和稳定性是有帮助的，因为他们对个体会员的“内部”效应和对政体的“外部”效应。所谓“内部”效应，Putnam 认为，“协会灌输给会员们的是协作习惯、团结和公共精神，公民组织的参与包括协作技巧和集体努力的共享责任。当个人属

① 结构空洞论认为一个网络中最有可能给组织带来竞争优势的位置处于关系稠密地带之间的稀疏地带。

② 刘庆林等．国际贸易社会网络理论研究综述［J］．经济学动态，2004（7）．

于某个具有多样化目标和成员的交叉组织的时候，他们的观点会因为组员的相互交往而变得更加平和”。所谓“外部”效应，密集的协会网络能够提高“利益诉求”和“利益聚集”，进而对有效的社会协作作出贡献。

Putnam（2000）认为，普遍互惠的有效规范被社会交换的密集网络加强。通过声誉效应，社会网络能够鼓励忠诚。“社会网络使信任变得可传递和传播：我信任你，是因为我信任她，而她向我保证她信任你”（Putnam et al.，1993）。信任能够润滑协作，一个社会的信任水平越高，意味着更多协作的可能。协作本身能够培育信任。信任别人的人能够更多地参与到公民生活中从而建立更多的社会资本，而对别人不信任的人则相反。

本研究重点关注以社会资本为理论基础的社会网络。大多数研究将个体、群体和组织的社会网络视为社会资本的关键部分。社会资本的主要特征体现在那些将朋友、家庭、社区、工作以及公司生活联系起来的人格性网络。一方面，有些网络建构是松散的，经常变动的、非组织化的、非正式的，采取朋友、同事和邻居相互交叠、相互连锁的网络的形式。另一方面，社会网络是通过俱乐部、协会和组织串联起来的高度组织化、紧密联结的群体。这些俱乐部、协会和组织包括任何形式的有着正式组织化基础的志愿性社团、中介性组织、次级社团和共同体社团（community associations）。

四、区域社会结构

社会结构包含两个方面的内容：文化和社会冲突。文化代表嵌入在社会关系的共同特征。一个有着同质社会收入基础和水平社会关系的社会往往拥有着更高的社会合作水平（La Pora et al.，1997；1999）。社会冲突代表着该社会管理社会分化的能力。如果一个社会分化较深，并且冲突管理制度较弱，那么冲突就会进一步加剧外生冲击的经济成本。这种冲突由于迫于利益集团的压力而耽搁了政府政策的调整。

基于以上分析，参考 Lee，et al.（2011）的研究以及中国区域协调发展实践，我们给出如下区域社会资本的基本架构图。区域社会资本从大的方面可以分为认知型社会资本和结构型社会资本。认知型社会资本包括区域信任和区域规范两个方面；结构型社会资本维度包括区域社会网络和区域社会结构两个方面。区域信任具体分为：厚信任、普遍信任、系统信任；区域规范具体分为：公民态度和社会行为；区域社会网络具体分为普特南组、奥尔森组；区域社会结构具体分为区域文化和社会冲突。

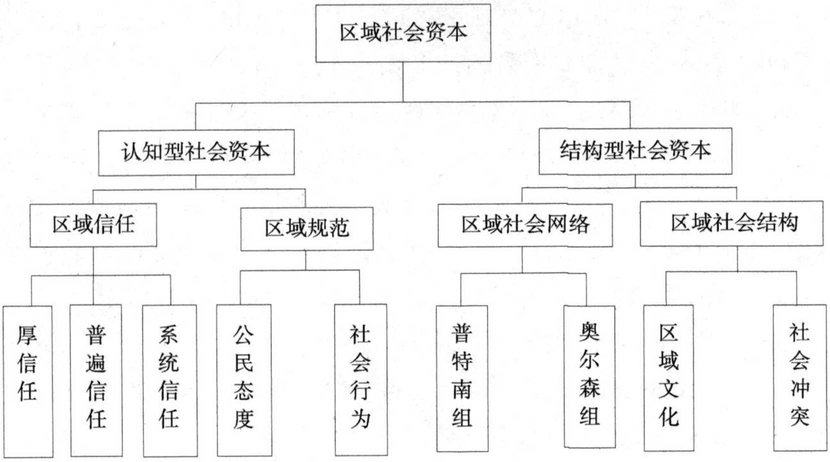

图 3－1　区域社会资本结构图

第四章　社会资本与区域协调发展：理论机制及框架构建

通过前面的分析，我们对社会资本概念本身以及区域协调发展理论的理解逐渐有了清晰的轮廓，本章的目的在于，通过借鉴并完善已有理论模型，分析社会资本、正式制度对经济增长的影响，并进一步构建社会资本影响贸易并最终影响区域协调发展的理论框架，从而为下文的实证分析做铺垫。

第一节　社会资本、正式制度与经济增长：理论模型

以下借鉴 Ahlerup et al.（2008）提出的委托代理投资模型，来分析社会资本、正式制度与经济增长的关系，目的是为我们从宏观角度研究社会资本与正式制度之间的内在逻辑关系提供微观基础。我们假定该博弈是完全信息的，参与者的风险偏好是中性的、非合作的，并且这个经济体里没有其他代理商。整个过程我们划分为四个阶段：信用阶段、合同阶段、诉讼阶段以及法庭阶段。

在最初的信用阶段（Credit Stage），借款方选择是否借出资本 k 。如果选择不借，则博弈到此为止，即没有生产行为，则借款方和生产者各自的收益为 $U_L = U_p = 0$ 。这是自给自足的或代理商（agents）自给生产的现状。

第二个阶段为合同阶段（Contract Stage），参与者进入该市场，发生 k 单位资本的借贷，并且生产已经进行。生产者认为履行合同将导致生产者得到净货币收益（ $\pi_p > 0$ ），以及非货币合作社会收益（ $s_p > 0$ ），即 $\pi_p + s_p$ 。同样的，借款方将得到 k 单位的本金，货币补偿（ $\pi_L > 0$ ），以及由于被信任而得的社会收益（ $s_L > 0$ ）。这种情况如果出现，对社会来说是最优的情况，即最大化的总福利和总货币收益。

S_i 正是我们需要深入讨论的，它是参与者由于被信任以及诚信而带来的收益。参与者可能没有前期合作的历史记录，彼此之间的信任应被视为普遍信任（generalized trust）而非网络特定（network - specific）的。这些额外的收益是一种社会报酬，如加强声誉或者由履行合作的正面期望带来的道德满足。收益只有当参与者在第一、第二阶段表现出信任和合作行为时才能被物化。如果生产者在第二阶段违约，意味着他放弃社会回报，然而借款方在整个博弈中保持它，如果他在第一阶段提供了信用，因此被证明是一个可信的人。进一步假设社会回报对

于参与的两方都是可见的。

投资收益 π_p 和 π_L 在合同上已经商定。π_L 可以以利息或其他收益分享的形式支付给借款方。尽管可以非常容易的将其内生化，但是我们暂且不考虑两个参与者签订的是何种金融合约。

生产者的另一个选择是违约，这意味着他保留了合同中约定应该给予借款方的补偿 π_L，并且否认了借款方对偿还款项 k 的所有权。这样的争论可能会在第三方的法院终结。这是诉讼阶段，借款方决定是否起诉违约的生产者。如果借款方选择不起诉，生产者就获得了从项目中得到的货币收益（$\pi_L + \pi_p$），当我们假设他无法从应该偿付的信贷额 k 中获得收益。借款方得到社会回报 s_L 和信贷额损失（Credit loss）。如果借款方选择起诉，法庭强制执行合同的概率是 β，β 是一个反映强制合同执行的指标，能够简单反映法庭的力量。上诉的费用根据败者支付原则，败诉一方支付 d 的费用给法庭。如果合同正确地强制执行，借款方得到其出借的款项并收到（$\pi_L + s_L$）的报酬，此时生产者收到 $\pi_p - d$。

如果合同没有被法庭强制执行，生产者将得到 $\pi_L + \pi_p$。贷方无法得到赔偿金和贷出款项，因此他从贷款行为中得到净效用为 $-k-d+s_L$。事实上，许多借款方会要求一定形式的贷款担保，但是为了简明起见，我们不考虑这个因素。同时该模型也省去了对合同的复杂程度或者法庭不利裁决的额外社会成本等方面的考察。使用上面的收益结构，我们可以很容易地获得以下的解决方案，参与者最佳的回应策略由下面的条件决定：

$$\text{信用阶段(借款方)}:\left\{\begin{array}{l}\text{如果满足下列条件之一，提供贷款：}\\(i)L = s_L + \beta(\pi_L + k + d) - k - d \geqslant 0\\(ii)s_L - k \geqslant 0\\(iii)\text{生产者将履行(合约)}\\\text{如果}(i),(ii),(iii)\text{均不符合，选择不放贷}\end{array}\right\}$$

$$\text{合同阶段(生产者)}:\left\{\begin{array}{l}\text{履行合约，如果 } F \equiv s_P + \beta(\pi_L + d) - \pi_L \geqslant 0\\\text{否则违约}\end{array}\right\}$$

$$\text{诉讼阶段(贷方)}:\left\{\begin{array}{l}\text{如果 } s_L - k \geqslant 0 \text{ 和 } \beta(\pi_L + k + d) \leqslant 0 \text{ 不起诉}\\\text{否则起诉}\end{array}\right\}$$

上面关键的表达式是 $L = L(s_L,\beta,\pi_L,k,d)$ 和 $F = F(s_p,\beta,\pi_L,d)$，决定了社会最佳均衡（放贷，履行合同）是否存在。借款方放贷和生产者履行的意愿会随着可信行为得到社会收益 s_L 和 s_p 以及法庭制度 β 的加强而增加。当 s_L 和 s_p 或者 β 之一的增加能够使 L 或者 F 增加时，社会资本和制度是相互替代的。投资的大

小由 k 给出，在 k 增加时使借款方变得更加谨慎并且不愿意放贷。借款方的放贷意愿将与投资回报 π_L 正相关，但这会对生产者履行合同的意愿产生消极影响，因为一个高的回报会诱使他挪用这个收益。

如果暂时忽略所有其他的变量，假设 $s_L = s_p = s < k$，我们可以写出 $L(s,\beta)$ 和 $F(s,\beta)$。法庭制度力量较小时（β^{low}），因此有 $L(s,\beta^{low}) < 0$ 和 $F(s,\beta^{low}) < 0$，这意味着货币收益为（0，0）。然后有 $\Delta s > 0$，因此或者有 $L(s + \Delta s,\beta^{low}) = 0$ 或者 $F(s + \Delta s,\beta^{low}) = 0$，这意味着贷方提供信贷，生产者进行生产。也就是说，在 β 低的时候，社会资本 s 的增加会导致经济发展。但是当法庭力量较高时（β^{hig}），会有 $L(s,\beta^{low}) \geqslant 0$ 和 $F(s,\beta^{low}) \geqslant 0$，社会最优均衡已经出现，同等增加 Δs 则没有影响。因此，社会资本的增加在制度力量薄弱的时候影响更大。

Ahlerup et al.（2008）的模型并不试图解释法庭制度和社会资本是如何出现的，但是我们认为他们可能受同样动力（历史、地理、种族分化）驱动，并且是相互关联的。s 是社会上社会资本的平均水平的比例，即积累多年的人际信任的总存量。我们假设平均水平越高可信行为的收益越大。与之等价的，如果信任的平均水平小，人们将不会期待合作并且违约的社会机会成本（s）会相对小。

第二节　社会资本、贸易与区域协调发展：理论机制分析

前文已经明确，区域社会资本包括区域信任、区域社会网络、区域规范和区域社会结构四个方面。以下将从上述四个方面，分别分析其对贸易①的影响，并尝试构建社会资本影响贸易并进而影响区域协调发展的理论框架。

一、区域信任与贸易

许多文献把信任问题作为贸易壁垒和交易成本的主要来源。Greif（2000）把信任问题看做大多数交易顺序性特征的固有结果，并且把信任作为交易的基本问题，他认为“一个人除非事前确认另外一方会履行合同，不然他绝不会轻易卷入到一项交换关系中”。信任能够通过降低交易成本进而对贸易造成影响。

（一）贸易和交易成本

在贸易中，交易成本被定义为交易双方为追求贸易利益而产生的摩擦成本，既包括交通距离、贸易障碍、关税等等传统的交易成本，也包括搜寻成本、搜集

① 贸易可以从国际贸易和国内贸易两个方面，大多数学者关注的重点是在国际贸易，我们认为，社会资本同样对于国内贸易具有重要的影响。因此，本文的研究包含国际贸易和国内贸易两个方面。

产品质量的成本、控制成本、法律成本以及支付的成本。一个完整的贸易交易过程中一般有三个阶段[①]：联系阶段（Contact）；签订合同阶段（Contract）；以及合同执行阶段（Control）。三个阶段，无论是国际贸易还是国内贸易，均会产生交易成本。在联系阶段，买卖双方要在市场上寻找潜在的交易者，由于不同国家（地区）有不同的商业文化，要想找到合适的买者或卖者，便会产生交易成本；在签订合同阶段，交易双方为了达成一个双方都满意的合同也会产生交易成本；在合同执行阶段，监督对方是否按照合同执行，以及如果对方违约而强制执行，这些都会产生交易成本。

（二）信任和交易成本

上述贸易的三个阶段所产生的交易成本与信任是紧密相连的。联系阶段，信任对于寻找可靠的商业机会、潜在商业伙伴及其信誉都是非常重要的。签订合同时，信任同样重要，直接决定着双方如何签订该合同。在最后的执行阶段，信任也是决定在多大程度上监督和强制执行合同的主导因素。

因此，高信任水平的地区，能够通过降低交易成本最终对贸易产生影响，并最终对区域经济发展造成影响。

二、区域社会网络与贸易

自20世纪90年代以来，众多学者开始研究社会网络对贸易的作用。在国际经济学中，学者们普遍接受的观点是，贸易量和国与国之间的距离是相关的。McCallum（1995）首次提出了边界效应“Border Effect”,[②] 认为边界也能够大幅度减少贸易。进一步，国家是否相邻被认为是影响贸易量的一个重要因素。因此，空间上是否接近对贸易有着重要影响，但这种影响是复杂的，不能简单的从地理位置上来解释。学者们试图从多种角度来解释这种空间距离对贸易的影响。Rauch（2001）和Wagner et al.（2002）认为，存在于国与国之间的商业和社会网络能够通过降低信息成本提高贸易量。自此，贸易中的社会网络开始受到越来越多的重视。

社会网络促进贸易主要体现在两个方面（Rauch，2001）：首先，贸易双方已有的商业联系能够影响双方交易前的搜寻过程，社会网络能够为其成员提供贸易信息，进而减少贸易成本。其次，社会网络能够对其成员实行联合惩罚，当网

---

① 此处参考了Frank A. G和Robert H. J（2003）的研究，赵家章（2011）也对三个阶段进行了更为详细的分析。

② Obstfeld and Rogoff（2000）把边界效应作为开放宏观经济学的六大谜之一。

络内某个成员违反了合约，其他成员通过社会网络会迅速得知其不良记录，就不会再与他进行交易。当失去未来交易的损失的折现值大于今天违约所得利益时，他就会选择不违约。

（一）贸易中的社会网络

在贸易领域，社会网络指国际间涵盖各种社会关系的族群网络（Co－ethnic Network）和商业集团（Business Group）。Rauch（2001）认为，族群网络是指在民族、地区方面具有人口统计意义上的个人或企业团体，其典型代表是华商网络；Granovetter（1995）认为，商业集团则是“既不完全整合又非毫无整合的一组厂商”，其成员间的联系可以追溯到创始家族或者家族联盟，其典型代表包括日本的综合商社和韩国的大型贸易公司。[①] 社会学家对此类经济意义的社会网络也赋予了两种定义，第一类是基于 Joel 和 Karen（1998）的研究，把社会网络定义为“追求重复的、持续的交换关系的一群代理人”；第二类是基于 Granovetter（1973，1995）的研究，把社会网络定义为“或者彼此相互熟悉、或者相互学习的一组人”。[②]

加州大学圣地亚哥分校 Rauch 教授是社会网络与国际贸易研究领域的主要推动者，发表了数篇有影响力的论文。[③] Rauch（2001）认为，社会网络是成员之间相互交换，这种交换能使得彼此保持合作或者共谋（cooperation or collusion），一个重要的特征是，网络中的成员对其他成员了如指掌，而这能够帮助他们之间相互匹配或者相互提供贸易机会。

传统国际贸易理论，买方和卖方通过一个抽象的“国际市场”进行交易，交易过程中，双方不需要付出交易成本。这一假设是基于同质性产品而言的，对于异质性产品贸易来说，由于商品的品质和价格相差很大，商品的相关信息对于交易的达成是非常关键的（蒙英华，2008）。以 Meltiz（2003）为代表的部分学者，以企业异质性为基础，开始探寻企业内部“黑箱”，基于异质性的分析，该理论认为，企业生产率的高低是决定企业做出何种国际化决定的基础，生产率高的企业应该选择对外直接投资，生产率中等的企业应该选择国内生产，生产率最低的企业有可能被淘汰。Rauch（1996）认为国际贸易其实是买卖双方相互匹配（match）的过程，即双方在交易前，都需要进行搜寻以找到合适的交易对象。在搜寻合适交易伙伴的过程中，必然会面临着信息搜寻的成本问题，而这种信息成

---

① 蒙英华．海外华商网络与中国对外贸易——理论与证据［D］．厦门大学，2008．

② 刘庆林等．国际贸易社会网络理论研究综述［J］．经济学动态，2004，（7）．

③ 感兴趣的读者可以参见其个人网页。

本要受到双方的相互关系影响，而这种关系就构成了非市场交易方式——网络交易方式的基础。因此必须对广泛存在于国际贸易中的社会网络给予关注。社会网络与贸易领域主要有以下三个重点：第一，社会网络影响贸易的机制；第二，社会网络如何消除各种非正式贸易壁垒；第三，社会网络对贸易结构的影响如何。

（二）社会网络影响贸易的机制

社会网络可以通过不同的渠道提高贸易，文献中一般认为有两个主要的机制：减少信息成本（Information Cost）和扩散偏好（Diffusion of Preferences）。

第一个机制是基于能够降低经济人搜集远方市场信息时遇到的信息成本，因为非对称信息使得双方遇到合适的交易对象前会产生搜寻成本。信息的不对称使得消费者想了解其它地方的信息变得困难，同时也使得其它地方的生产商了解当地消费者的偏好变得困难。共同的影响使得交易成本和价格提高，进而对贸易量造成负的影响。经验研究一般是采用国际移民的分布来检验这种影响，因为移民在国内保持着一定的社会网络，而这种网络一般会对贸易有提高作用。移民知道众多国内买者和卖者的特征，并且将这种特征传递到国外（Rauch，2001）。除了移民效应（migrant effects），研究还认为企业的社会网络能够通过外商直接投资的方式来缓解信息成本。网络内部信息成本的降低还可以通过更好地执行合同进而对贸易造成影响。Gould（1994）和 Rauch（2001）详细分析了贸易伙伴的互惠知识（reciprocal knowledge）能够帮助减少昂贵的商业机会主义，社会网络此时起到了合同强制执行法律的作用。

第二个机制是社会网络可以起到扩散偏好的作用。消费者对于本国的商品有着特有的偏好，移民后仍旧对本国生产的商品情有独钟，因此移民能够增加国外的进口，而这种进口的增加是基于社会网络的扩散偏好作用。尽管理论上分析较为容易，但经验研究要把两种机制完全区分开是比较难的。

Rauch（1999）以引力模型为基础进行了研究，结果发现：两国相邻，拥有共同语言或殖民联系对贸易量都存在显著影响。该研究同时指出，要将社会网络降低信息成本的作用分离出来，才能进一步明确社会网络促进贸易的具体机制。Rauch and Casella（2003）提供了一个理论模型来解释信息共享的社会网络可以改善资源的配置，从而在信息不完全条件下增加国际贸易量。Rauch 和 Trindade（2002）研究了华裔社会网络对双边贸易增加的影响，得出结论认为华人关系网络可能起到克服国际贸易信息成本的作用。

Gould（1994），Head and Ries（2001），Girma and Yu（2002），Rauch and Trindade（2002），Wagner et al.（2002）分别利用引力模型检验了社会网络的贸易创造效应。前三篇文献分别检验居住在美国、加拿大和英国的移民对贸易量的影响。Wagner et al.（2002）使用每个加拿大省份的贸易量信息以及各省的移民数量，以检验移民的贸易创造效应。所有的文献都发现了移民对贸易量的正向效应。

（三）社会网络如何消除各种非正式贸易壁垒

多数研究表明，社会网络可以通过克服贸易合同执行不力、贸易机会信息不完全等非正式贸易壁垒，产生贸易创造效应，能够带来自由配置优化的常规收益和社会网络成员自身的合作收益。在法律效率不强的环境下，通过社会网络可以克服国际贸易中的机会主义行为与改善商业信息的传递，进而可以改善资源的配置，网络成员由此可以获得额外收益。对于如何克服国际贸易中的机会主义，一个主流的解释是，可以通过建立一个“道德社群”（moral community）来增进彼此间的信任，从而促进国际贸易的发展（Cohen，1969）。第二个解释见诸于Greif（1989，1993）的研究，通过集体惩罚来避免网络内出现机会主义行为，这时候的集体惩罚的办法可以起到与相互信任同样的作用。Weidenbaum & Hughes（1996）在研究华裔网络时指出，“若一个商人违反了其社团的协议，他很可能被列入‘黑名单’，后果比直接被诉讼要严重，因为他失去了整个华商和他进行贸易的机会。”由于担心受到集体惩罚，网络中的成员会尽量避免违约，最终会达到一种重复博弈均衡，在这个均衡里联盟中每个商人的策略是拒绝和联盟中任何违约的人合作，而不是仅仅拒绝对自己违约的人，尽管这样会承受一个低效率的工资溢价。

那么从动态的角度看，社会网络是否同样存在着贸易创造效应？有些学者认为，长期来看，社会网络内部的成员可能不愿意发展与网络外部的经济关系。从这个角度看，社会网络抑制了贸易的发展。Greif（1994）的研究也指出，由于通过网络关系进行贸易能够获得额外的收益，网络成员可能会出现抵制制度和技术的创新，但这些制度与技术的创新在长期却会促进贸易量的增加。因此，从长期来看，网络对于促进贸易可能是毫无作用的。相关的文献有，Hutchinson（1999，2000），Girman & Yu（2000），Rauch & Trinidade（2002），Ching & Chen（2000）等。

（四）社会网络对市场结构的影响

垄断竞争市场中，对于差别产品来说，以产品相似、共同语言和殖民关系为表现形式社会网络在提供价格信息、匹配国际间的卖方和买方方面显得更为重要（Rauch，1996）。但是，跨国网络能帮助克服国际贸易非正式壁垒，国内网络也能够通过共谋制造非正式壁垒来限制外国企业进入本国市场，进而对该地区的进口贸易造成影响。相当多的文献（Lawrence，1993；Gary Saxonhouse，1993）研究 Keiretsu（经连会）[①] 是否在国际贸易中起到限制进口的作用。Fung（1991）研究 1980 年美国对日本 22 个产业的出口情况，结果发现 Keiretsu 的存在一定程度上能够解释美国对日本出口量的下降，并认为 Keiretsu 的存在减少日本从美国进口的原因有两个：一是 Keiretsu 对进口的联合抵制，二是由于 Keiretsu 的联合降低了美国进口产品的竞争力。Lawrence（1991）对 1985 年日本 37 个产业进口与国内需求的比率和出口占世界出口的比率进行检验，结果发现，Keiretsu 附属公司占行业销售量的比例与进口显著负相关，与出口显著相关，与 Fung 得出的结论一致。Barbara Spencer 和 Larry Qiu（2001）针对日本 Keiretsu 供应商的特定投资建立模型，研究发现，日本 Keiretsu 供应商进行联合以抵制美国供应商进入日本市场其实是错误的，人为的制造了非贸易壁垒，而日本供应商并没有得到好处。

Thomas Chaney（2013）研究了国际贸易的网络结构，该研究提供了一个贸易摩擦的理论，假定企业只能出口到有其联系人的市场中，企业可以直接寻找新的贸易伙伴，也可以使用他们以前有的网络去更远的地方寻找新的贸易伙伴。该研究还运用法国 1986 和 1992 年的企业微观数据进行实证检验，结果精确地验证了其理论模型。

有些学者用社会网络来解释母国偏好问题。该问题最早由 McCallum（1995）的一篇经典文章[②]提出，加大拿各省之间的贸易量比与美国各州的贸易量多 22 倍。该问题的提出震惊了众多学者，特别是考虑到美国和加拿大是相互整合度较高的情况下。随后学术界出现了一系列研究来解释这种现象。开始学者们集中于从地理方面来解释，近年来越来越多的学者从商业与社会网络的角度来解释这一现象。解释的原因同样是基于信息壁垒（infromation barriers），因为企业要想出售产品，必须搜集潜在的顾客以及顾客偏好的信息，也要搜集分配产品的最合适方式，另一方面，企业也需要知道潜在的顾客是不是有足够的诚信度。如果企业的网络发达，这时候搜集信息成本就会变得十分便宜，这种社会网络的存在能够使交易变得非常容易。如果这些网络都是集中于区域内部，很显然区域内部的贸易流量要高。Milliment 和 Osang（2007）发现，当考虑了各州之间社会网络的差异后，美国各州边界效应大幅减少。Pierre－Philippe Combes et al.（2005）研究

---

① 在企业文化里，经连会通常指日本式的企业组织，该系统是政府和企业间的亲密的合伙关系的，对它最好的理解就是，它是将银行、厂商、供应者和发行者与日本政府连接在一起的一个复杂的关系网。

② John McCallum. “National Borders Matter：Canda－U. S. Regional Trade Patterns.” The American Economic Review. 1995，Vol. 85，No. 3.

商业和社会网络在法国省际之间的贸易创造效应，结论同样认为社会网络在法国省际间贸易起到非常重要的作用。Aitor Garmendia et. al.（2012）利用西班牙的数据研究社会网络和国际贸易中母国偏向问题，结果发现当考虑了区域内部而不是区域间社会和商业网络的时候，母国偏好消失，该研究同样认可了社会网络在贸易中的重要作用。

（五）国际贸易中的华商网络①

国内外的学者对于国际贸易中的华商网络给予了关注，国外学者的研究前文已经介绍，以下主要介绍国内学者的研究，国内学者蒙英华（2008）的研究较有代表性。一般的研究认为，海外华人界定为在海外有中国国籍的人和在海外有纯华人血统的人，以及在海外有部分华人血统、具有中华文化价值观，并愿意承认为华人的人。海外华人和华侨中的企业投资者或经营者即为华商（蒙英华，2008）。对于“华商网络”的定义学者们也是莫衷一是，刘宏（2003）将华商网络定义为“处于市场与组织之间的一系列的个人与商业机构的充满活力的关系”。刘权、董英华（2003）认为，华商网络是以宗亲关系、乡土关系和行业关系为纽带的商际关系。李胜生（1998）则认为，在最一般水平上，华商网络可以用来指中国境外被含糊勾画的华人社区成员的经济的、政治的、文化的以及其它关系的广泛范围。蒙英华（2008）认为华商网络实际上是一种在非政治化的、形态不同的联系中，以海外华商群体为主体，以家族、族群、地区、行业、社团为社会基础，以“五缘关系”为联结纽带，以共同利益尤其是共同经济利益为核心，以非正式的社会和商业纽带及正式的社团组织为组织形式所形成的泛商业网。华商网络是基于华人网络形成的一种在商业上相互帮助、相互支持的经济关系网络，华人网络和华商网络之间的关系密切，它们相互促进。

“关系”长期以来被认为是海外华商取得成功的重要因素之一。在市场机制尚不健全的东南亚国家，华人华侨与中国存在的各种联系被认为是促进中国对外贸易和 FDI 流入的重要因素之一。华商网络遍布世界贸易的几乎每一个角落，杰出的华商通常会认识并且相互间进行交易，因此，他们通过一种非正式的网络而不是通过传统渠道进行信息传播。学者们重点关注华商网络对于促进中国对外贸易的发展以及 FDI 引进的作用。Rauch 和 Trindade（2002）的研究发现在华人占很大比例的东南亚国家，华人网络可以使得异质商品双边贸易平均增长 60%。Cao（2003）的研究充分肯定了华商网络对促进中国吸引 FDI 的作用，研究结论认为海外华人所占当地人口比例每上升 1% 将导致从该国流入中国的 FDI 上升

---

① 部分内容参考了蒙英华（2008）的研究。

3.8%。Sarah Y. Tong（2005）的研究发现，华商网络能够促进东道国FDI的流入，并且在官僚主义较浓的东道国表现的更为显著。

社会网络在国际贸易中的作用无疑会受到越来越多的关注，理论的分析似乎已经充分肯定了社会网络在国际贸易中的作用，但我们需要的是更严谨的实证分析，而要想进行严谨的实证分析，社会网络的度量是摆在我们面前的首要问题。社会网络不仅仅难于度量，主要在于有时候我们甚至不知道去度量什么！尽管如此，随着社会科学研究的不断深入，以及一些大型社科调研数据库的建立，为我们进行社会网络的研究提供了一个很好的平台。

三、区域规范与贸易

区域规范对区域经济发展有着重要影响，而贸易是其中一个重要影响机制。以下借鉴吴光芸等（2011）的分析方法，将规范分为道德性规范、契约性规范和行政性规范。首先，道德性规范能够为该地区贸易的发展提供良好的氛围。在具有良好商业道德的地区，贸易双方违约的概率相对较低，合同欺诈在该地区会受到严厉的谴责。因此，由于受到道德性规范的约束，该地区的企业，容易受到国内外潜在贸易伙伴的青睐，能够较容易获得潜在的合同，进而为该地区经济发展做出贡献。其次，契约性规范能够为该地区贸易发展提供良好的规则。契约性规范能够鼓励人们在交往过程中按照协议好的规则进行互动，能够遏制过度竞争甚至恶性竞争的现象。在某些地区，行业协会、商会等组织的存在对契约性规范的实施起到非常重要的作用，这些组织通过实行行业自律，制定行业规范，自觉地抵制假冒伪劣产品，对行业的健康发展起到了很好地保护作用。因此，有着较好契约性规范的行业，比较容易获得较多的贸易合同，贸易的发展进而促进地区经济的发展。最后，行政性规范为地区贸易发展提供制度保障。行政性规范包括法律、法规和各种规章制度。有些地区，通过设立一些地方法规和规章制度，人为地排斥其他地区或者国家的产品进入本地市场，进而达到保护本地企业的目的。具有良好行政性规范的地区，能够制定较好的区域贸易以及对外开放政策，为本地贸易发展提供良好的制度保障，进而有利于地区经济的快速发展。

四、区域社会结构与贸易

本研究定义的区域社会结构主要包括区域文化和区域冲突两个方面。区域文化是生活在特定区域的人群在从事物质生产、精神生产和社会生活中所形成的具有浓厚地域特色的价值观念、思维方式、人文心态、民族艺术、风俗习惯、道德规范等的总和。区域文化作为一种无形的力量，潜移默化地影响着区域发展主体，并通过发展主体的组织整合功能，影响区域经济发展的各环节（吴光芸等，2011）。贸易作为一种跨区域（国际）的商品和劳务交换，很容易受到区域文化差异的影响。在贸易过程中，适应特定文化环境的企业能及时抓住消费者的需求，取得成功。如果不能很好把握区域文化环境的特点和消费者的需求，其贸易活动就难以开展。

区域冲突能够影响贸易是显而易见的，贸易很难在一个区域社会冲突频发的地区展开。一个地区如果能够给企业提供一个良好的稳定发展环境，企业便倾向于选择该地区展开贸易。在我国，各地区有着相似的、稳定的宏观经济发展环境，区域冲突对贸易的影响可能比较微弱。但在跨国分析中，区域冲突对国际贸易有着重要的影响，已经得到了文献的证实。

第三节　理论框架的构建

基于上文分析，我们构建如下基本理论分析框架。该框架给出如下分析链条：区域社会资本—区域贸易—区域经济增长—区域协调发展。区域社会资本的四个方面，区域信任、区域社会网络、区域规范以及区域社会结构能够分别对国际贸易和国内贸易造成影响，而国际贸易和国内贸易是造成我国区域经济差异的重要原因。因此，在制定区域协调发展战略时，必须纳入社会资本因素。政府应努力提升区域信任水平、规范各种经济主体行为、积极构建区域间社会网络、重视区域文化建设。①

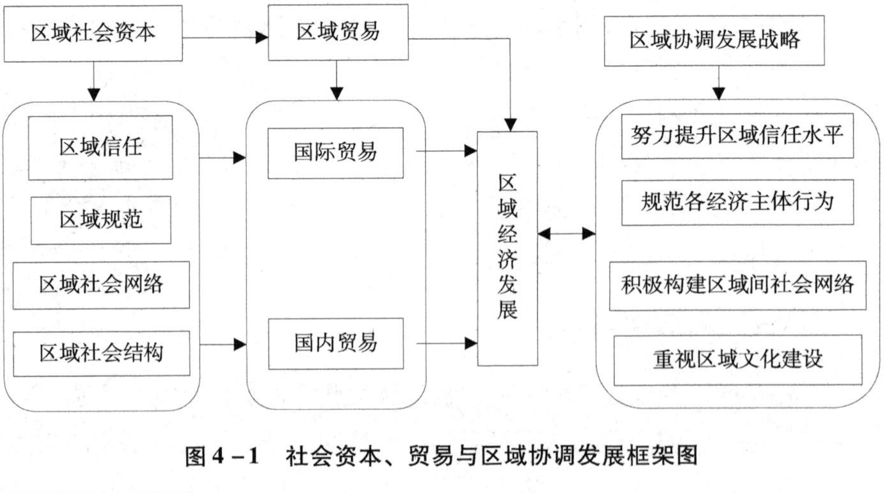

图4－1　社会资本、贸易与区域协调发展框架图

① 第九章进行了更为详细的阐述。

第五章　中国区域协调发展：战略演变及现状

第一节 中国区域发展战略的演变

一、历史视角的解读

从历史上看，中国区域经济的重心并不是一直位于东部沿海地区，世界四大文明古国都发源于大河流域，中华文明也不例外。中华民族最早的文明产生于黄河中下游地区，黄河流域地处黄土高原地区，黄土土质松软，土壤自我加肥力强，再加上历史时期黄河流域的气候温和湿润，森林植被好，农业生态较好，适宜植物的种植。种种便利的条件促进了该地区农业的发展，因此中国隋唐时期以前，中国的农业经济重心一直是在地理环境较好的黄土高原地区（刘海涛，2010）。从贸易角度看，古代的贸易并不完全与现代贸易一样，现代贸易的发展与一个地区是否靠近海岸线有着紧密联系，而古代的贸易，土地是否肥沃以及是否有河流经过是非常重要的两个条件。而黄土高原则满足了两个条件，因此一度成为中国的经济重心。而这一时期，东部沿海地区相对贫瘠，属于人迹罕至的地区。大概到了宋代时期，南方地区的经济发展水平真正超过北方经济的发展，宋室南渡标志着我国经济中心移到东南地区（程民生，2004）。到了近现代，西方列强靠鸦片战争打开了中国国门，夺取了中国的沿海港口，东部沿海的地位变得更加重要起来。随后，新中国成立，中国区域协调发拉开了新的篇章。

二、区域均衡发展阶段（1949—1978）

新中国刚成立时，我国区域经济布局的特点是，生产力分布非常不平衡，东部沿海大城市是中国区域经济的中心。当时旧中国近代工业 70% 以上厂家分布在东部沿海地区，而西部地区的近代工业几乎是一片空白。

从建国初期到改革开放前，我国的区域经济发展基本上是以均衡发展为指导思想，这一阶段也可以视为我国工业布局由沿海向内地推进的阶段。新中国建立初期的区域政策，主要出于国际政治环境和战备的考虑，利用沿海的基础和适当利用外援，促进工业布局向内地推进，形成全国工业布局相对均衡，各大经济协作区自成体系、相互促进的格局。按照毛泽东主席的战略部署，为了平衡工业发展的布局，内地工业必须大力发展。因此，这一时期的投资明显向内地倾斜。“一五”时期的156项重点工程建设中，3/4都被安排在了内地。1965年到1972年的“三线”建设时期，国家投资的重点都放在了西部地区。在“一五”、“二五”、“三五”、“四五”计划时期，国民经济总投资的内陆与沿海地区分配比例分别为1∶0.87、1∶0.79、1∶0.46、1∶0.74。[①]

在这种均衡战略的背景下，西部地区工业获得了快速发展，经过几十年的建设，内地工业产值占全国的比重由1952年的31.9%提高到了1978年的40.1%。大规模的投资倾斜有效地促进了内陆地区经济社会的发展，基本建成了重工业为主的产业体系，加速了内地的经济发展，缩小了新中国成立前的区域差距。一般把这一阶段称为生产力均衡布局或区域均衡发展阶段（范恒山，2011）。

三、区域非均衡发展阶段（1978—1999）[②]

改革开放初期，党中央和国务院就确定了“重点开放沿海地区，逐步向内地开放”的经济发展战略。按照此项战略，将我国地域的对外开放分为经济特区、沿海开放城市、沿海经济开放区、内地四个层次。在“让一部分地区、一部分人先富起来，逐步实现共同富裕”以及“两个大局”的战略思想指导下，我国充分发挥沿海地区的优势，实行以沿海地区对外开放带动内地开放的策略，通过建立经济特区、开放沿海城市、开辟沿海开放地带等一系列步骤，形成由沿海向内地，有层次，有重点的对外开放格局。1979年，首先建立深圳、珠海、汕头、厦门四个经济特区。1984年，开放了由北向南的14个沿海港口城市。[③] 1985年，中央又将长江三角洲、珠江三角洲、闽东南厦漳泉地区开辟为沿海经济开放区。1988年初，又进一步开辟了环渤海经济开放区，将山东半岛、辽东半岛列入沿海经济开放区。1988年3月，国务院决定将40个市、县，其中包括杭州、南京、沈阳3个省会城市划入开放区。1990年，开放上海浦东新区。

支持沿海地区优先发展的政策主要有两个方面：一是投资倾斜，二是率先实行对外开放。除此之外，政府还在财政、税收、信贷、投资等方面给予东部地区各种优惠措施（田书华，2011）。一般认为，东部沿海地区利用中央的倾斜性政

---

① 田书华．中国区域经济的发展历程及发展趋势［R］．2011年（8）．

② 也有的学者将这一阶段细分为两个阶段：1979—1991年以经济效益为重心的发展阶段；1992—1999年注重效率兼顾公平的发展时期。

③ 14个沿海开放城市分别是：大连、青岛、秦皇岛、天津、烟台、连云港、南通、上海、宁波、温州、福州、广州、湛江、北海。

策实现了率先发展，中国区域经济中心开始东移，这一时期的非均衡发展战略，推动了中国全方位对外开放格局的形成以及中国经济市场化改革进程，吸纳了大批在西部的农村剩余劳动力，提高了经济整体运行效率。但正是在这一时期，非均衡发展战略的实施在取得明显成效的同时，也出现了一些问题：我国地区发展差距开始拉大，东、中、西三大经济地带开始形成；区际摩擦，贸易壁垒，市场分割逐渐形成，地区保护主义开始盛行，阻碍了市场的发育，区域经济秩序发生了一定程度的混乱，区域间利益摩擦和冲突加剧；区域不协调问题日益严重。因此，一般将这一阶段区域发展战略称为非均衡发展阶段。

事实上，到了20世纪90年代中后期，中央也已经意识到日益扩大的区域差距问题，因此关于统筹沿海与内地经济发展、促进区域协调发展的提法在“八五”和“九五”规划中也有所提及。“八五”规划中关于区域发展的总体要求是：根据统筹规划、合理分工、优势互补、协调发展、利益兼顾、共同富裕的原则，努力改善地区经济结构和生产力布局。从“九五”开始，国家有意识地积极支持内地的发展，实施有利于缩小地区差距的政策，坚持区域经济协调发展，逐步缩小地区发展差距，协调发展成为区域发展的主导思想。“九五”规划关于区域发展的总体要求是：坚持区域经济协调发展，逐步缩小地区发展差距。

四、区域协调发展阶段（2000至今）

改革开放初期我国实行对东部地区倾斜的政策支持，到20世纪90年代中期时我国已经形成了具有典型差异的东部、中部和西部三大经济地带（刘生龙等，2009）。20世纪90年代中后期到现在，我国政府逐渐意识到日益扩大的地区差距会带来较为突出的矛盾，随后做出了一系列完善区域发展战略的重大决策，可以说这一阶段是我国区域协调发展总体战略初步形成并不断完善的阶段。党的十四届五中全会提出把缩小地区差距作为一条长期坚持的重要方针，要求从“九五”开始，更加重视支持中西部地区经济的发展。根据这一指导思想，1999年中央做出了实施西部大开发战略的决策。因此，“十五”规划中明确了区域发展的具体内容：实施西部大开发战略，加快中西部地区发展，合理调整地区经济布局，促进区域协调发展。西部大开发战略实施以来，西部地区在基础设施、生态环境保护和建设。特色优势产业发展、人民生活水平等方面取得了显著成就，初步扭转了东部地区尤其是全国发展差距快速扩大的势头。

随后，2003年10月，中国颁布《关于实施东北地区等老工业基地振兴战略的若干意见》，以此为标志，振兴东北地区等老工业基地的战略正式实施。东北地区包括黑龙江、吉林和辽宁三个省份。改革开放后的一段时间，东北三省工业总产值占全国份额不断下降，国有企业问题凸显，农业经济效益提高缓慢，东北经济在进入新世纪后成了一个亟待解决的问题。因此，中央提出“努力将东北地区等老工业基地调整、改造、发展成为结构合理、功能完善、特色鲜明、竞争力强的新型产业基地，逐步成为国民经济新的重要增长区域”。2009 年，《国务院关于进一步实施东北地区等老工业基地振兴战略的若干意见》出台，对东北地区存在的体制性、结构性等深层次矛盾解决提出进一步的新的政策措施，以推进东北老工业基地全民振兴。

从改革开放后的沿海发展战略，到 1999 年的西部大开发战略，再到 2002 年的振兴东北老工业基地战略，我国的区域发展战略从空间上覆盖了东部、西部和东北，而中部地区很少被提及。2004 年 3 月，政府首次明确提出促进中部崛起；2004 年 12 月，中央经济会议再次提到促进中部地区崛起，同年召开的十六届四中全会首次把“中部崛起”写进了党的全会的文件。2006 年 4 月，中共中央、国务院印发《中共中央国务院关于促进中部地区崛起的若干意见》；2009 年，国家又出台了《促进中部地区崛起规划》；2010 年，国家发改委印发《促进中部地区崛起规划实施意见》；2012 年，国家继续推出《国务院关于大力实施促进中部地区崛起战略的若干意见》。一系列的规划和措施，分阶段明确了中部崛起的工作目标和进度，使得中部地区经济得到了快速发展。

至此，我国关于区域发展的战略体系初步形成。因此，“十一五”规划明确指出，坚持实施推进西部大开发，振兴东北地区等老工业基地，促进中部地区崛起，鼓励东部地区率先发展的区域发展总体战略①，健全区域协调互动机制，形成合理的区域发展格局。“十二五”期间，我国区域协调发展的总体要求是：促进区域协调发展，积极稳妥推进城镇化。在区域发展总体战略的指导下，目前我国区域经济发展形成东中西相互促进、优势互补、共同发展的格局（范恒山，2011）。

第二节　中国区域协调发展现状②

为了促进区域协调发展，1999 年我国推出了西部大开发战略，于 2003 年提出振兴东北老工业基地战略，2006 年又推出了中部崛起战略，并出台了一系列相关政策措施，由此形成了国家区域发展总体战略框架。总体来看，以西部、东北、中部和东部四个区域为地域单元，对全国经济布局和区域发展进行统筹安排

① 区域发展总体战略一般简称“四大板块”战略，即推进西部大开发，振兴东北地区等老工业基地，促进中部地区崛起，鼓励东部地区率先发展。

② 与提交结题时相比，本部分数据进行了更新。

和部署，将有利于充分发挥各地区优势，明确各区域的功能地位和发展方向，引导形成优势互补、合理分工、良性互动、协调发展的区域新格局。①

一、相对差距略有缩小，绝对差距扩速放缓

目前衡量地区经济差异的主要指标有变异系数、基尼系数和泰尔指数，我们将首先计算各省市区历年人均 GDP 三个指标的值，所选时间段为 1978—2011 年，包括全国 30 个省、市、区，其中重庆 1997 年以前的数据来自于《重庆统计年鉴》(2008)。利用 Stata13.0 软件进行分析，得出如下结果（表 5 - 1）。根据分析结果，三个指标描述了几乎相同的区域经济差异变化趋势。改革开放初期，三个指标描述的地区差距逐渐降低。从 20 世纪 90 年代初期，我国各地区差距逐渐拉大，这种差距持续扩大态势一直持续到 2000 年左右。进入 21 世纪的头几年，各地区差距逐渐缩小。

表 5 - 1　1978 年以后中国各省市区差异指标变动情况

年份	变异系数	基尼系数	泰尔指数	变异系数	基尼系数	泰尔指数
1978	0.983	0.352	0.284	1995	0.633	0.299
1979	0.920	0.336	0.257	1996	0.631	0.297
1980	0.913	0.338	0.256	1997	0.644	0.301
1981	0.867	0.321	0.233	1998	0.655	0.305
1982	0.817	0.309	0.212	1999	0.673	0.311
1983	0.782	0.305	0.201	2000	0.690	0.320
1984	0.752	0.303	0.191	2001	0.683	0.318
1985	0.744	0.302	0.188	2002	0.676	0.316
1986	0.709	0.297	0.176	2003	0.669	0.316
1987	0.676	0.292	0.164	2004	0.651	0.309
1988	0.646	0.285	0.153	2005	0.628	0.305
1989	0.619	0.276	0.143	2006	0.605	0.297
1990	0.593	0.264	0.132	2007	0.582	0.287
1991	0.609	0.272	0.138	2008	0.543	0.273
1992	0.609	0.278	0.140	2009	0.529	0.269
1993	0.636	0.296	0.155	2010	0.497	0.254
1994	0.632	0.300	0.156	2011	0.463	0.240

注：按照定义，本研究的变异系数是每年各省份人均 GDP 以及劳均 GDP 的标准差除以均值。基尼系

① 魏后凯．中国区域经济发展态势与政策走向［J］．中国发展观察，2010，(5)：23 - 25.

数是根据 Lorenz 曲线的原理得来的。泰尔指数即当 a = 1 时的广义熵的值。数据来源于各省市区历年统计年鉴，与赵家章（2011）数据来源有所不同，因此 2006 年以前的各指标值有所不同，但反映的总体趋势一致。

（a）

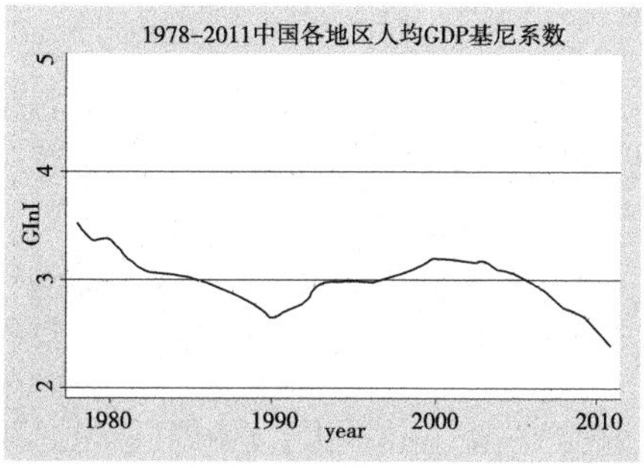

（b）

（c）

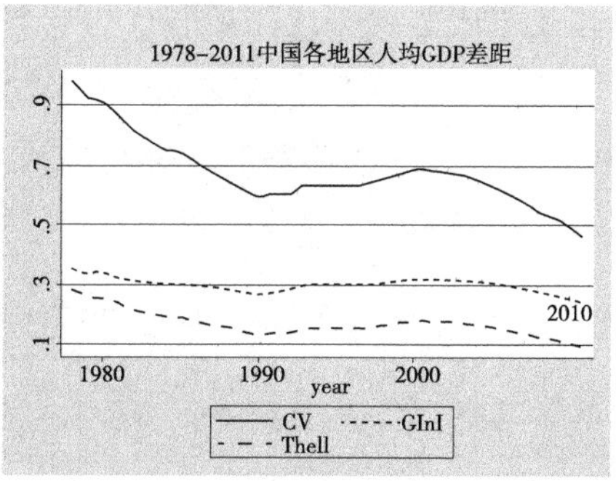

（d）

图 5－1　1978—2011 年中国各地区人均 GDP 差距

图 5－1 更清楚的描述了这三种指标的变化趋势：1978—1991 年，三个指标逐渐降低，均在 1991 年前后达到了最小值；1991—2000 年，三个指标均逐渐升高，在 2000 年前后达到了最大值；2001 年以后，三个指标在初期趋缓，后又逐渐逐渐降低。赵家章（2011）的研究已经对前两个阶段的趋势做了较为详细的分析，以下主要集中于分析新世纪后特别是 2003 年以后的中国各区域主要经济指标的变化情况及最新趋势。

以下将分区域考察 GDP 比重、人均 GDP、贸易总额、城镇居民可支配收入以及农村居民可支配收入等几个宏观经济指标，以考察近年来区域协调发展的整体态势，数据来源于《中国区域经济统计年鉴》（2004—2014），该年鉴对于区域的划分，2004 年以前是按照东中西三个区域划分，即东部 11 个省份、中部 8 个省份、西部 12 个省份，东北的辽宁属于东部地区，黑龙江和吉林归为中部地区。因此，文中尽管把 2003、2004 年东北 3 省的经济指标单独列出来，但是统计中仍分别归为东部和中部。2004 年以后该年鉴按照东、中、西、东北四个区域进行划分。

表 5-2　2003—2013 年分区域 GDP 比重变化

GDP	2003	2004	2005	2006	2007	2008	2009	2010	2011	2012	2013
东部	58.5	59.4	55.6	55.7	55.3	54.3	53.8	53.1	52.0	51.3	51.2
中部	24.6	23.6	18.8	18.7	18.9	19.3	19.3	19.7	20.0	20.2	20.2
西部	16.9	17.1	16.9	17.1	17.4	17.8	18.3	18.6	19.2	19.8	20.0
东北	9.6	9.3	8.7	8.5	8.5	8.6	8.5	8.6	8.7	8.8	8.6

数据来源：《中国区域经济统计年鉴》(2004—2014)。

注：2004 年及以前的分区域是按照东、中、西三个区域的划分，东北地区三个省份分别包含在东部和中部省份。2004 年以后均是按照东、中、西、东北四个区域划分的。

根据表 5-2，2003—2013 年间，东部地区占全国 GDP 的比重基本呈现逐年下降的趋势，从 2003 年的 58.5% 下降为 2013 年的 51.2%。中部地区占全国 GDP 的比重则呈现了先下降后上升的趋势，从 2003 年的 24.6% 下降到 2006 年的最低点 18.7%，然后又逐渐回升到 20%。西部地区则呈现了逐年增加的态势，从 2003 年的 16.9%，稳步增加到 2013 年的 20.0%。尽管东部地区 GDP 比重逐渐下降，但仍旧保持着较高的水平。

表 5-3　2003—2013 年分区域人均 GDP 变化及比较

人均 GDP（元）	2003	2004	2005	2006	2007	2008	2009	2010	2011	2012	2013
东部	16919	20331	23768	27567	32283	37213	40800	46354	53350	57722	62405
中部	7977	9198	10608	12269	14754	17860	19862	24242	29229	32427	35357
西部	6306	7730	9338	10959	13212	16000	18286	22476	27731	31357	34491
东北	12078	13548	15982	18277	21573	25955	28566	34303	41400	46014	49606
东/中	2.12	2.21	2.24	2.25	2.19	2.08	2.05	1.91	1.83	1.78	1.76
东/西	2.68	2.63	2.55	2.52	2.44	2.33	2.23	2.06	1.92	1.84	1.81
东/东北	1.40	1.50	1.49	1.51	1.50	1.43	1.43	1.35	1.29	1.25	1.25

资料来源：中国区域经济统计年鉴（2004—2014）。

表 5-3 给出了 2003—2013 年间分区域人均 GDP 变化及趋势。这期间，各区域人均 GDP 由高到低排序分别为东部、东北、中部、西部。但是观察趋势我们可以发现，中西部以及东北地区与东部人均 GDP 的相对差距在逐渐缩小，这点可以从东部与三个地区的人均 GDP 的比率得到印证。2003 年，东部与中、西以及东北地区人均 GDP 的比率分别为 2.12、2.68、1.4；2013 年，该比率分别降为 1.76、1.81、1.25。东部与其它地区相对差距逐渐缩小，表明我国区域协调发展迈出了坚实的步伐。但是，目前这种相对差距缩小的态势并不是特别稳定，各地

区之间绝对差距仍旧很大。2011 年东部地区人均 GDP 已经超过了 6 万元，东北地区也接近 4 万元，而中西部地区只有 3.5 万元左右。具体到省区市看，北京、天津和上海等城市的人均 GDP 都超过了 8 万元，而贵州、云南和甘肃等地区则不足 2 万元，中西部有一些地区仍旧没有解决温饱问题。

表 5 –4　2003—2013 年分区域贸易总额及比重变化

年份	东部		中部		西部		东北	
	贸易量（亿美元）	比重（%）	贸易量（亿美元）	比重（%）	贸易量（亿美元）	比重（%）	贸易量（亿美元）	比重（%）
2003	7864.6	92.4	366	4.3	279.3	3.3	379.9	4.5
2004	10693.2	92.6	485.3	4.2	367	3.2	479.9	4.2
2005	12781.6	89.9	415.1	2.9	451.3	3.2	571.1	4.0
2006	15795.9	89.7	539.8	3.1	576.7	3.3	691.6	3.9
2007	19337.7	89.0	743.0	3.4	785.9	3.6	870.7	4.0
2008	10061.9	87.7	989.3	3.9	1067.3	4.2	1089.0	4.2
2009	19470.5	88.2	779	3.5	916.7	4.2	909.1	4.1
2010	26056.5	87.6	1168.9	3.9	1283.9	4.3	1230	4.1
2011	31386.7	86.2	1626.7	4.5	1839	5.0	1566.2	4.3
2012	32710.8	84.6	1933.9	5	2364	6.1	1662.4	4.3
2013	34826.9	83.7	2195.7	5.3	2775.5	6.7	1791.9	4.3

资料来源：中国区域经济统计年鉴（2004—2014）。

表 5 –4 给出了 2003—2013 年间分区域贸易总量的变化情况。可以看出，尽管东部地区的对外贸易总量呈现下降的趋势，但仍旧不能否认中国对外贸易主要集中于东部沿海地区的事实。2003 年，东部地区对外贸易总量占全国比重为 92.4%，2013 年下降为 83.7%。中、西部地区这一比重略有提升，分别维持在 4.5%、5% 的水平，东北地区变化不大，维持在 4.2% 左右的水平。

表 5 –5　分区域城镇及农村居民人均可支配收入情况

	城镇居民人均可支配收入（元）				农村居民可支配收入（元）			
年份	东部	中部	西部	东北	东部	中部	西部	东北
2003	9901	7063	7205	6981	3875	2382	1966	2681
2004	11034	7851	8031	7775	4277	2731	2192	3122
2005	13375	8809	8783	8730	4720	2957	2379	3379

续表

	城镇居民人均可支配收入（元）				农村居民可支配收入（元）			
年份	东部	中部	西部	东北	东部	中部	西部	东北
2006	14967	9902	9728	9830	5188	3283	2588	3745
2007	16974	11634	11309	11463	5855	3844	3028	4348
2008	19203	13226	12971	13120	6598	4453	3518	5101
2009	20953	14367	14213	14324	7156	4793	3816	5457
2010	23273	15962	15806	15941	8143	5510	4418	6434
2011	26406	18328	18159	18301	9585	6530	5247	7791
2012	29622	20697	20600	20759	10817	7435	6027	8846
2013	32472	22736	22710	22875	12052	8377	6834	9909

资料来源：中国区域经济统计年鉴（2004—2014）。

根据表 5－5，整体来看，2003—2013 间，无论城镇居民人均可支配收入还是农村居民人均可支配收入，均呈现出东部高于其它三个区域的趋势，但具体表现又有所不同。我们分别计算东部与中、西以及东北地区的城镇居民和农村居民人均可支配收入之比，图 5－2 更为清晰地给出了这一比例变化趋势。（a）图显示，东部与其它三个地区城镇居民人均可支配收入之比均是先上升，2005 年左右达到最大值，然后逐渐下降。（b）图显示，东部与其它三个地区农村居民人均可支配收入之比基本呈现了逐年下降的趋势。另外，我们还可以发现，不同区域的城镇居民人均可支配收入均高于农村居民人均可支配收入。

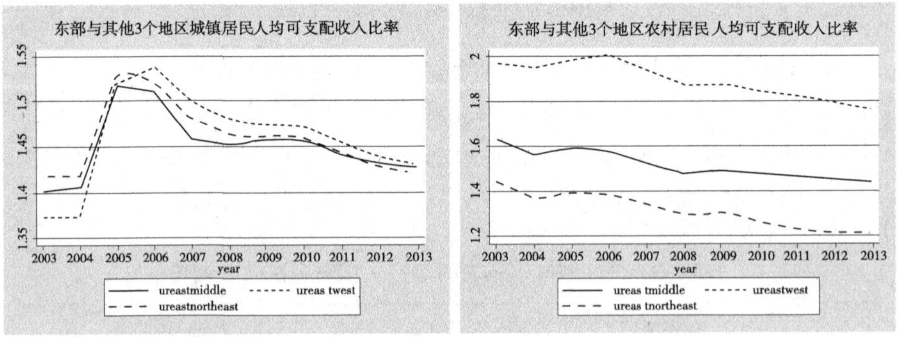

（a）　　（b）

图 5－2　2003—2013 年间东部与其它 3 个地区城镇及农村居民人均可支配收入比率变化

通过以上分区域宏观指标的分析以及笔者先前的研究，我们基本可以得出如下结论：20 世纪 90 年达以来，中国地区差距逐渐扩大的态势在进入新世纪后有所缓和，区域差距基本保持“相对差距略有缩小、绝对差距扩速放缓”态势[①]。

二、核心增长区发挥着越来越重要的作用

工业化和城市化淡化了城市之间的行政界线，由经济活动带动城市之间的联系更加紧密，形成了作为区域经济活动集聚的城市群。城市群是我国经济发展的重要动力，从全国来看，我国形成了比较典型的三个城市群以及一些具有城市群或者城市化区域，每年为我国创造了很大经济价值。

根据“城市群内都市圈或大城市数量不少于 3 个，至少有 1 个特大或超大城市为核心”“人口规模不低于 2000 万人”“城市化水平大于 50%，非农产业产值比率超过 70%”、“人均 GDP 超过 3000 美元，经济密度大于 500 万元人民币/平方公里”等标准，中国正在形成的 23 个城市群呈现为“15 + 8”的空间结构格局。其中长江三角洲、珠江三角洲、京津冀、山东半岛、辽东半岛、海峡西岸、长株潭、武汉、成渝、环鄱阳湖、中原、哈大长、江淮、关中、天山北坡等 15 个达标城市群，南北钦防、晋中、银川平原、呼包鄂、酒嘉玉、兰白西、黔中和滇中等 8 个城市群则尚未达标[②]。

“十三五”规划纲要明确提出加快城市群建设发展。优化提升东部地区城市群，建设京津冀、长三角、珠三角世界级城市群，提升山东半岛、海峡西岸城市群开放竞争水平。培育中西部地区城市群，发展壮大东北地区、中原地区、长江中游、成渝地区、关中平原城市群，规划引导北部湾、山西中部、呼包鄂榆、黔中、滇中、兰州 - 西宁、宁夏沿黄、天山北坡城市群发展，形成更多支撑区域发展的增长极。促进以拉萨为中心、以喀什为中心的城市圈发展。建立健全城市群发展协调机制，推动跨区域城市间产业分工、基础设施、生态保护、环境治理等协调联动，实现城市群一体化高效发展。

三、区域合作逐步加强，合作机制日趋完善[③]

近年来，我国区域合作广度、深度持续拓展。“十三五”规划纲要进一步指出要创新区域合作机制，加强区域间、全流域的协调协作。长三角是国内区域合作模式运行比较成功和实施较早的地区，因此积累了丰富的经验和成果：首先长

---

① 这种表述方法参考了刘勇（2013）的研究。
② 方创琳，姚士谋，刘盛和等编著．2010 中国城市群发展报告［M］．科学出版社，2011.
③ 范恒山，孙久文，陈宣庆．中国区域协调发展研究［M］．商务印书馆，2012.

三角建立了区域合作对话机制；其次签订了各种专业和层次的区域合作框架协议；三是企业在区域合作中扮演的作用趋于加强。

京津冀地区是北方重要的工业基地，也是国家政治文化中心。京津冀地区合作的加速有以下几点推动助力：首先启动了官方合作机制，京津冀协同发展已经达成共识；其次在交通基础设施一体化的过程中建立以北京为中心的都市圈规划建设，铁路和等级公路的建设完善形成了京津冀都市圈交通网络；最后是建立了生态环境保护的合作机制，以应对恶化的都市圈环境问题，协调发展、可持续发展问题促进了区域合作。

泛珠三角地区分工合作得以顺利建立并进行是由该区域的地理位置，以及其经济发展水平的不平衡，资源和经济结构之间的互补性所决定的。该地区首先建立了官方合作平台并定期沟通会晤，商讨区域合作的重大事宜，并且在各省市发改委设立区域合作办公室；其次是举办区域合作发展论坛、经贸合作洽谈会，为企业构筑平台，鼓励企业参与到区域合作中；最后，签订关于交通、产业、治安、能源等合作协议。

四、区域协调发展的政策框架形成，但仍需进一步完善

目前来看，引导我国区域协调发展的制度安排和政策框架基本形成，对区域协调发展起到了很好的推动作用，中西部地区经济增速表现出可喜的势头。但是，我国幅员辽阔，推动区域协调发展是长期艰巨的任务，很难一步到位。相关的政策体系仍存在进一步完善的可能。对特殊地区发展的扶持力度显著加大，建立健全对特殊地区的帮扶机制，制定一系列强有力的政策措施，加强对口支援，形成了经济、科技、干部、人才等全方位支援体系。并且根据不同区域的资源环境承载能力、现有开发密度和发展潜力，中央从战略层面明确了各地区的总体功能定位和政策导向，进一步优化开发格局，规范开发秩序，促进了经济社会与人口、资源环境的协调发展。区域发展战略的逐步完善和区域发展的巨大成就，为在新起点上促进区域协调发展奠定了重要基础。

（一）加强机构建设

从西部大开发开始，国家成立了专门的领导小组和办公室，在各个部委抽调的人选组成小组。在西部开发办的协调下，国家进行了西部基础设施的规划和建设，包括“四大工程”、交通基础设施建设和生态保障项目。专门办公室的作用体现在：第一，整合了国家各部门分散的职能和区域政策搭配实施，包含税收、投资、金融、环保、农业等等方面。第二，协调各个层级、部门之间的关系，即中央和地方、地方之间、政府与企业的关系，提高了政策执行力和实施效果。第

三，注重区域的可持续发展和均衡发展，由专门办公室统筹规划，以及借助国家力量，能够克服一系列市场经济不可避免的弊端。此后的振兴东北办公室的职责略有不同，包括发展问题、生态问题和边疆维稳问题。

（二）政策适用主体明确，各种相关政策能够统筹兼顾

区域政策作用对象层次明确，并且根据对象能够进行动态调整，国家能够从区域格局变化和宏观形势出发，进行调整、撤换、颁布政策，能够因地制宜地实施政策。在政策的实施中完善了直接援助政策和间接援助政策，分别作用于直接进行重大项目投资、改善投资环境和保障福利、完善发展基础设施和创建工业园区上。

“十三五”规划纲要明确提出四种健全区域协调发展的机制：创新区域合作机制，加强区域间、全流域的协调协作。完善对支援制度和措施，通过发展“区地经济”、共建园区等合作平台、建立互利共赢、共同发展的互助机制。建立健全生态保护补偿、资源开发补偿等区际利益平衡机制。鼓励国家级新区、国家级综合配套改革试验区、重点开发开放试验区等平台体制机制和运营模式创新。

第三节　区域协调发展战略评析

归纳起来，20 世纪 90 年中后期以来，我国在认真总结不同阶段特别是改革后区域发展实践的基础上，针对存在的主要矛盾和突出问题，做出了一系列促进区域协调发展的重大决策和战略部署。具体包括：区域发展总体战略；主体功能区战略；区域一体化战略；特殊地区和贫困地区扶持战略；中国特色城镇化战略。

一、区域发展总体战略

“十一五”规划正式提出我国区域发展总体战略，具体表述为：推进西部大开发，振兴东北老工业基地，促进中部地区崛起，鼓励东部地区率先发展。党的十七大报告在此重申了这一区域总体发展战略。“十二五”规划继续明确我国要实施区域总体发展战略，充分发挥不同地区比较优势，促进生产要素合理流动，深化区域合作，推进区域良性互动发展，逐步缩小区域发展差距。区域总体战略表述为：推进新一轮西部大开发，全面振兴东部地区等老工业基地，大力促进中部地区崛起，积极支持东部地区率先发展，加大对革命老区、民族地区、边疆地区和贫困地区扶持力度。党的十八大报告明确提出，继续实施区域发展总体战略，充分发挥各地区比较优势，优先推进西部大开发，全面振兴东北地区等老工

业基地，大力促进中部地区崛起，积极支持东部地区率先发展。“十三五”规划指出深入实施西部开发、东北振兴、中部崛起和东部率先的区域发展总体战略，创新区域发展政策，完善区域发展机制，促进区域协调，协同共同发展，努力缩小区域发展差距。

实施区域发展总体战略，是对改革开放以来我国实施区域非均衡发展战略的重大调整，但这种调整并不是向计划经济时期实现的均衡发展战略的回归，而是体现了充分发挥各地区的发展优势和潜力，促进区域共同发展和统筹互动的非均衡协调发展的思路（王胜令等，2008），是中央立足发展中国特色社会主义全局作出的重大战略部署，也是我们党对区域协调发展理论与实践的总结和深化。继续实施区域发展总体战略，是全面建成小康社会的重大任务，是基于我国基本国情作出的重大决策。

党的十八大报告提出，到 2020 年，区域协调发展机制基本形成。这是继续实施区域发展总体战略的重要内容，也是推动区域协调发展的重要保障。

二、主体功能区战略

主体功能区战略的提出经历了一个不断演变的过程。2006 年，“十一五”规划纲要首次提出“推进形成主体功能区”，具体表述为：根据资源环境承载能力、现有开发密度和发展潜力，统筹考虑未来我国人口分布、经济布局、国土利用和城镇化格局，将国土空间划分为优化开发、重点开发、限制开发和禁止开发四类主体功能区，按照主体功能定位调整完善区域政策和绩效评价，规范空间开发秩序，形成合理的空间开发结构。2007 年，党的十七大报告进一步明确“加强国土规划，按照形成主体功能区的要求，完善区域政策，调整经济布局。围绕推进基本公共服务均等化和主体功能区建设，完善公共财政体系”。2010 年，国务院颁布《全国主体功能区规划》，对于各地区、各部门推进规划的实施提出了明确的任务和要求。2011 年，“十二五”规划提出“实施主体功能区战略”，按照全国经济合理布局的要求，规范开发秩序，控制开发强度，形成高效、协调、可持续的国土空间开发格局。构筑区域经济优势互补、主体功能定位清晰、国土空间高效利用、人与自然和谐相处的区域发展格局，逐步实现不同区域基本公共服务均等化。经过“十一五”期间的酝酿和实施，主体功能区战略成为“十二五”期间我国调控区域协调发展的新模式。

十八届三中全会通过的《中共中央关于全面深化改革若干重大问题的决

定》[①] 进一步明确提出要坚定不移实施主体功能区制度，建立国土空间开发保护制度，严格按照主体功能区定位推动发展，建立国家公园体制。建立资源环境承载能力检测预警机制，对水土资源、环境容量和海洋资源超载区实行限制性措施。对限制开发区域和生态脆弱的国家扶贫开发工作重点县取消地区生产总值考核。《决定》特别强调要对国土空间开发行为加强约束和指导：一是要严格制度管理，包括建立空间规划体系，建立国土空间开发保护制度，科学划定生产、生活、生态空间开发管制的界限。二是突出主体功能区规划和制度的引导作用。强调按照主体功能区定位来推动发展，来科学规范国土开发行为，来制定不同类型功能区的考核标准和制度。这些新要求和部署，为切实提高我国过去空间开放效率、规范空间开发秩序产生重大而积极的影响（杨荫凯，2013）。“十三五”规划明确提出加快建设主体功能区。强化主体功能区作为国土空间开发保护基础制度的作用，加快完善主体功能区政策体系，推动各地区依据主体功能定位发展。

实施主体功能区战略，推进主体功能区建设，是我国作出的重大战略决策，对于推进形成人口、经济和资源环境相协调的国土空间开发格局，加快转变经济发展方式，促进经济长期平稳较快发展和社会和谐稳定，实现全面建设小康社会和社会主义现代化建设长远目标，具有重要战略意义。

三、区域一体化战略

从世界范围来看，世界经济正走向区域化、集团化和一体化。一国内部的区域一体化指的是开展跨行政区的经济协作、经济联合以及经济带和经济圈建设等。在传统的市场经济体制下，各级地方政府都追求本地区相对均衡和自成体系的发展，致使条块分割严重、区际产业联系薄弱（王胜令等，2008）。

20 世纪 90 年代以来，随着市场分割不断地被打破，我国区域经济一体化进程开始加速，城市化群落整体竞争力持续增强，经济、社会结构及其运行效率明显提升，以长江三角洲、珠江三角洲和京津冀三大城市群为核心的区域经济一体化发展已经成为推动我国经济发展的中间力量（郑继承，2013）。城市群形成的过程也是区域经济一体化的过程，区域经济一体化的进程也需要城市群作为重要的依托。十八届三中全会《决定》，指出鼓励“建立和完善跨区域城市发展协调机制”，通过建全区域合作机制，大力促进区域一体化发展，推进形成更大范围的一体化市场。

区域一体化机制没有统一的表述，张利华、徐晓新（2010）将其定位为：在

① 后文简称《决定》。

区域经济一体化发展过程中，协调相互冲突的利益关系的一系列制度安排和运行机制，主要包括：公共决策机制、对话沟通机制、规划协调和监督机制、政策环境协调机制、专项事务协调机制以及利益协调机制等。安虎森（2007）认为，区域一体化强调的是“效率”，而区域协调发展强调的是“公平”，区域间应该实行不同的政策梯度。从动态角度看，效率和公平并不必然完全冲突。佘时飞（2013）研究认为，区域经济一体化发展的早期阶段，只会提高两区域的经济效率，并不存在公平问题。在区域经济一体化发展的第Ⅱ阶段，会出现效率与公平相冲突的问题，但随着区域经济一体化的发展，在不断提高经济效率的同时，不断缩小着两区域的福利水平差异；当完全实现区域经济一体化时，既达到了经济的高效率也完全实现了两区域福利水平相等。改革的早期，随着区域经济一体化程度的不断深入，中国各地区经济都得到了长足的发展，但目前区域间经济不平等现象日益突出，即中国区域经济已经处于第Ⅱ阶段，此时，为实现区域协调发展设置一定的政策梯度有利于边缘地区的经济发展，但当经济发展到一定阶段后，应该取消这一临时性的“梯度政策”，否则将阻碍经济效率，影响经济公平，更不利于中国各地区走向共同富裕与和谐社会的构建。

四、特殊地区和贫困地区扶持战略

我国特殊贫困地区，一般指“老少边穷”地区，集中在国家重点扶持的592个贫困县，主要分布在中西部的深山区、石山去、荒漠区、高寒地区、黄土高原去、地方病高发区以及水库区，多为革命老区和少数民族地区。这些地区地域偏远、交通不便、生态失调、经济发展缓慢、文化教育落后，生产生活条件极为恶劣（吴强等，2013）。贫困地区是真个区域协调发展大局中的短板，这些地区经济社会发展的成效如何，将直接决定我国全面建成小康社会的总体进程和质量（杨荫凯，2014）。

近年来，为了加快特殊地区和贫困地区发展，国家实施了有组织、有计划、大规模的开发式扶贫，先后制定实施了《国家八七扶贫攻坚计划（1994—2000年）》《中国农村扶贫开发纲要（2001—2010）年》《中国农村扶贫开发纲要（2011—2020）》等，批复了11个集中连片贫困地区的扶贫攻坚规划，使扶贫减贫成为全社会的共识和行动，取得了巨大的成就。“十二五”规划提出，加大对革命老区、民族地区、边疆地区和贫困地区扶持力度。党的十七大报告把加大对各类特殊地区和贫困地区的扶持力度确定为实现区域协调发展的重要任务之一。十八大报告指出，要加大对革命老区、民族地区、边疆地区、贫困地区扶持力度。十八届三中全会公布的《中共中央关于全面深化改革若干重大问题的决定》，在“深化财税体制改革”部分中明确提出“要完善一般性转移支付增长机制，重点增加对革命老区、民族地区、边疆地区、贫困地区的转移支付。“十三五”规划进一步指出，加大对革命老区、民族地区、边疆地区和困难地区的支持力度，实施边远贫困地区、边疆民族地区和革命老区人才支持计划，推动经济加快发展、人民生活明显改善。这充分反映出我国对相对落后地区的高度重视和务实支持。

五、中国特色城镇化战略

形成合理的城镇体系与城镇空间分布格局，对促进区域经济协调发展具有极为重要的意义。改革初期，我国确定了“控制大城市规模，合理发展中等城市，积极发展小城市”的城镇体系建设总方针。“十一五”规划调整了我国控制大城市规模的城镇化战略，提出了坚持大中小城市与小城镇协调发展的新思路。十七大报告确认了上述城镇化战略思想，提出“按照统筹城乡、布局合理、节约土地、功能完善、以大带小的原则，促进大中小城市和小城镇协调发展。以增强综合承载能力为重点，以特大城市为依托，形成辐射作用大的城市群，培养新的经济增长极”。这种城镇化战略思想准确地把握了我国城镇化建设存在的问题，科学地提出了我国城镇化的发展方向（王胜今，2008）。《中共中央关于全面深化改革若干重大问题的决定》指出，完善城镇化健康发展体制机制，坚持走中国特色新型城镇化道路，推进以人为核心的城镇化，推动大中小城市和小城镇协调发展、产业和城镇融合发展，促进城镇化和新农村建设协调推进。优化城市空间结构和管理格局，增强城市综合承载能力。

“十三五”规划纲要指出推进新型城镇化。坚持以人的城镇化为核心、以城市群为主体形态、以城市综合承载能力为支撑这、以体制机制为保障，加快新型城镇化步伐，提高社会主义新农村建设水平，努力缩小城乡发展差距，推进城乡发展一体化。

第六章　中国区域协调发展新格局及存在的问题

现有文献对于1990年后中国区域差距扩大的事实基本上是认可的。但新世纪后中国区域经济发展呈现了一些新的态势与特点，本部分试图在已有研究的基础上，对改革开放以来中国地区差距的变化趋势作比较准确的描述性分析。本研究将主要采用以省级行政单位为基础进行地域单元的划分，另外辅以三大地带（东、中、西部）①、四大区域（东、中、西、东北）② 和两大地带（沿海和内地）的划分方法。

第一节　中国区域协调发展新格局

中国区域增长格局自改革开放以来的演变大体可以划分为三个阶段，分别是：第一阶段（1978—1990），以珠江三角洲为龙头的华南地区崛起、东北地区的地位明显下滑；第二个阶段（1991—2002），以长江三角洲为代表的华东地区逐渐成为中国区域增长的龙头，华中地区的比重现状下降；第三个阶段（2003至今），以能源原材料大省为代表的中西部地区增速逐渐加快，在全国区域增长格局中的作用日益增强，东部沿海省份的地位有所下降。③ 在一系列政策的影响下，我国区域发展战略和区域政策的实施取得了良好效果，目前呈现出相互促进、竞相发展的新格局。当前的格局主要体现为以下五个方面：

一、中西部地区增速超过东部地区

改革开放以来，东部沿海地区经济增长率一直高于中西部地区，并形成了长三角、珠三角、京津冀等具有较强国际影响力的增长极。自改革开放初期一直到“十五”期末，东部地区一直处于领先地位，1978到2005年东部地区GDP年均增长速度接近12%，比东北地区、中部地区以及西部地区分布高出2.9、1.6和

① 东部地区包括北京、天津、河北、辽宁、上海、江苏、浙江、福建、山东、广东和海南11个省、市，中部地区包括山西、吉林、黑龙江、安徽、江西、河南、湖北和湖南8个省份，西部地区包括重庆、四川、贵州、云南、西藏、陕西、甘肃、青海、宁夏、新疆、内蒙古和广西12个省、市、区。

② 东部的辽宁、中部的黑龙江和吉林归为东北地区。

③ 宣晓伟．中国未来的区域增长格局研究［J］．区域经济评论，2013年（4）．

2.1个百分点（刘云中等，2011）。[①]但是，近年来我国中西部地区经济发展速度有所提高，区域发展差距扩大的趋势得到一定程度的遏制，西部地区一跃成为四大板块中增长最快的区域，这是区域经济发展呈现的一种新的格局。东部地区经济总量占全国经济总量的比重在改革开放前大致稳定在42%左右，之后呈现了上升趋势，一直上升到2004年的59.4%。随后出现了下降，到2013年已经下降到了51.2%。东部经济占比的下降意味着东部地区经济增长放缓。

从改革开放初期到2006年，我国东部地区经济增速在大多数年份都高于中部和西部地区。从2007年开始，西部地区增速超过东部地区；从2008年开始，中部地区经济增速超过东部地区。2012年，西部的贵州省GDP达到了6802.2亿元，增长13.6%。四川、新疆、青海、陕西等省份经济增长率都超过了12%，广西、内蒙古、宁夏等省份均超过了11%，仅有甘肃等个别省份低于10%。西部地区的GDP占全国GDP的比重达到了19.75%，与2011年相比提高了0.38个百分点，与东部地区的经济落差进一步缩小。中部地区6个省份经济增长率全部超过了10%，[②]平均增长率达到了10.98%。而反观东部沿海地区一些省份，2012年的经济增长率大都低于10%。例如，北京市为7.7%、上海为7.5%、广东为8.2%、河北为9.6%，仅有个别省份的经济增长率高于10%。[③]

图6-1四个地区人均GDP的变化更好地说明了上述趋势。自2001年以来，其它三个地区人均GDP的增速绝大多数年份均超过了东部地区。受金融危机的影响，各地区人均GDP增速自2007年开始均有所下降，其中东部地区下降的幅度最大。经济发达省份与经济不发达省份人均GDP的相对差距在缩小。人均GDP最高与最低省之比1993年为9∶1，2000年为10.9∶1，2014年回落到4∶1。

另外，中西部地区的全社会固定资产投资增速也开始快于东部地区，表6-1给出了按四大板块划分的全社会固定资产投资增长率，可以明显的看出，2006—2015年间，东部地区的投资增长率要低于其他三个地区。在此期间，东部地区的全社会固定资产投资增长率平均值为18.68%，低于中部地区的26.51%、西部地区的24.35%以及东北地区的22.68%。中西部地区快速发展的势头如果继续保持，我国区域经济发展差距相对缩小的态势将会持续。

---

① 刘云中，何建武．地区经济增长格局的变动与区域差距的缩小：短期波动抑或长期趋势［J］．发展研究，2011（12）：7-13.

② 中部省份的增长率分别为：河南：10.1%；湖北：11.3%；湖南：11.3%；江西11%；安徽12.1%；山西10.1%。

③ 以上数据引自2012年各省份国民经济和社会发展统计公报。

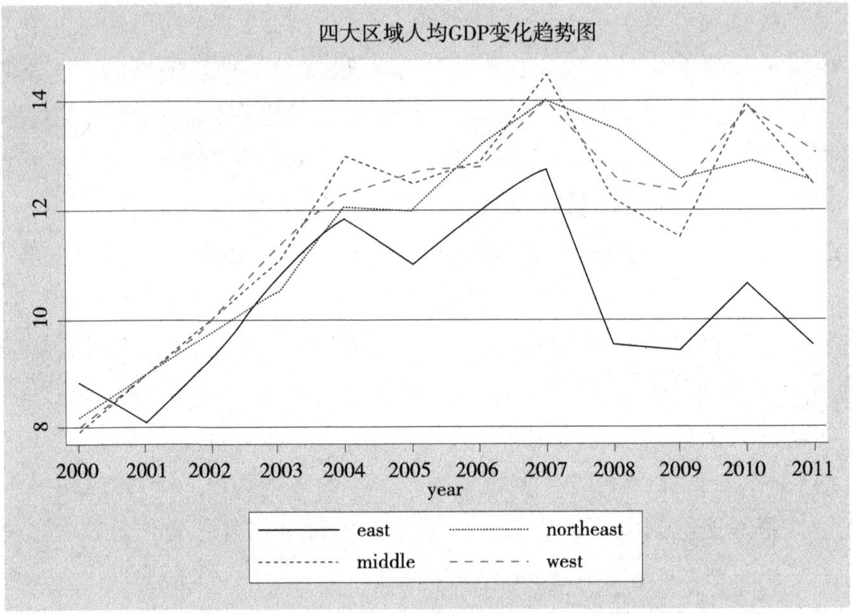

图 6－1　2000—2011 年四大区域人均 GDP 变化趋势图

表 6－1　按区域分全社会固定资产投资增长率（%）

	东部	中部	西部	东北
2006	19.3	30.6	25.4	36.2
2007	19.9	33.3	28.2	——
2008	20.9	32.6	26.9	——
2009	23.0	35.8	38.1	26.8
2010	21.4	26.2	24.5	29.5
2011	20.1	27.5	28.7	30.4
2012	16.5	24.1	23.1	26.3
2013	17.9	22.2	22.8	18.4
2014	15.4	17.6	17.1	2.7
2015	12.4	15.2	8.7	11.1
平均值	18.68	26.51	24.35	22.68

资料来源：2006—2012 年国民经济和社会发展统计公报。①

① 与结题时相比，本表数据进行了更新。

二、三大城市群将继续主导中国经济发展①

改革后，我国率先开放了长江三角洲、珠江三角洲和京津冀三大区域，随后三个地区快速发展，成为中国经济发展的龙头和引擎。

长江三角洲成为我国最大的出口加工基地，该地区城市群有 12 座大城市和特大城市。上海、南京、杭州三个特大城市呈三足鼎立之势，构成长江三角洲城镇体系的三大核心。未来，该地区的腹地将继续扩大，江苏、浙江全部以及安徽的一部分地区有可能进入该城市群。

珠江三角洲城市群共有 20 多座城市，城镇密度为每万平方公里 100 个，城镇平均间距不到 10 公里。中心城市香港是国际金融贸易中心，广州已经发展成为我国南方最大的中心城市。伴随着和香港、澳门实现区域经济一体化，优势将会更加明显，几大核心城市的发展会进一步带动珠江三角洲地区的经济社会发展。

京津冀协同发展已经上升为国家战略，三个地区城市特色和优势十分明显，互补作用强，北京具有政治、文化和高科技的优势、天津具有港口和制造业的优势，石家庄具有商贸业的优势。三个地区的协同发展是实现京津冀优势互补、促进环渤海经济区发展、带动北方腹地发展的需要，一旦突破行政的限制，三个地区发展的潜力立即就会释放出来。未来该地区将继续引领中国经济发展。

三、经济重心开始向北移动

改革开放后很长一段时间，中国区域经济的中心一直在往南移动，在珠江三角洲、长江三角洲两处形成了中国经济增长核心区。有若干年份经济重心往北移动，其持续时间较短。但是进入新世纪后，尤其是 2003 年以来，经济中心开始持续向北移动。这反映了中国北部地区开始摆脱经济增长速度长期落后于南方地区的局面，京津冀地区的快速发展，开始在中国区域增长格局中起到越来越重要的地位。因为无论从历史的发展，还是从区位条件来看，北部沿海地区有足够的理由成为潜在经济增长核心区（张军扩，2009）。随着改革开放的深入和水资源条件的改善，制约北部沿海地区发展的因素将逐步化解，经济中心北移的趋势有可能实现，广义的环渤海地区的重化工业将成为中国经济的重要支撑（肖金成，2009）。

---

① 肖金成．中国区域发展新格局及促进区域协调发展的若干建议［J］．经济学动态，2009，（12）：70－72.

四、产业转移由东向西不断推进，形成了新的增长极

随着我国工业化、城市化、信息化和国际化的稳步推进，特别是国际金融危机以来，我国区域间的产业合作更为活跃，中西部地区不断优化发展环境，发展潜力逐步释放，加快承接东部沿海地区产业转移。我国产业转移由东向西不断推进，呈现了规模逐渐扩大、层次显著提升、方式不断创新的良好态势。随着产业转移的不断推进，区域经济正在形成一些新的经济增长极，呈现出区域发展的新面貌。中国的区域经济增长已经由“单极增长”进入到更加强调互动协调发展的“多轮驱动”的阶段。

中国北部地区开始摆脱经济增长速度长期落后于南方地区的局面，尤其是京津冀地区的加快发展，表明渤海湾地区作为中国经济的三大增长极之一，开始在中国区域增长格局中扮演越来越重要的地位。2008 年的金融危机冲击使东南沿海的外向型城市的经济发展受到了很大打击，GDP 增长率大幅下降。与此同时，我国中西部地区依托其禀赋优势，加快调整产业结构和方式，积极承接产业转移，实现了经济的高速增长。世界 500 强企业中许多企业先后到重庆、成都投资创业，加快形成了西部地区新的增长极。

五、区域经济实力明显增强，竞争中体现合作[①]

我国区域经济实力明显增强，并且区域合作范围不断扩大，合作水平明显提高。随着我国经济快速发展，一些地区的经济总量已相当可观。我国许多省区市的经济总量也超过不少国家。2012 年，如果按照美元兑人民币的汇率水平为 6 来计算，我国人均 GDP 达到 6400 多美元，东部地区北京、上海、天津人均 GDP 达到 1.4 万美元左右，江苏、浙江人均 GDP 也超过 1 万美元，开始进入高收入国家水平。这些地区的快速发展，正在引领和带动其他区域加快发展。[②]

“十三五”期间，我国还将加快建立全方位开放型经济体系，更高层次参与国际合作与竞争。推进环渤海地区合作协调发展。创新区域合作机制，加强区域间、全流域的协调协作。完善对口支援制度和措施，通过发展“区地经济”、共建园区合作平台，建立互利共赢、共同发展的互助机制。我国区域经济合作将迈入新的阶段。

---

① 刘应杰. 我国区域发展战略与区域经济新格局 [J]. 区域经济评论日，2013 (1).

② 事实上，按照最新的统计数据，2015 年，我国人均 GDP 达到 1 万美元的省份已经达到了 10 个。

第二节　中国区域协调发展存在的问题

一、区域间不正当竞争

我国仍旧处于转型时期，市场经济还存在着诸多不完善的地方，其中区域间的不正当竞争表现的尤为突出。不正当竞争具体表现在要素价格竞争，产品市场竞争两方面。地区间在竞争中通过人为扭曲要素价格，提供各种优惠政策来吸引资金流入。这种竞争方式使进驻企业拥有低成本优势，在竞争中处于有利地位，实际上伤害了市场的公平竞争。在产品市场方面，一些地区为保护本地企业，采取了以邻为壑的政策，市场的分割导致要素自由流动的受阻，增加了企业的交易成本。这种行为使一些企业脱离了市场竞争环境，实际上不利于企业发展和地区经济发展，也阻碍了市场对资源的有效配置，无法发挥市场的决定性作用。

二、中西部地区发展基础仍旧薄弱

我国中西部落后地区普遍存在以下问题：生态条件脆弱，自然条件不适宜人类居住和生产；以传统农业为主的产业结构形式；交通条件较差，投资条件较差；教育文化水平较低，劳动力素质低下。这些问题共同导致这些地区开发不便，且富裕劳动力较少，劳动力素质较低；工、农业基础薄弱、难以进入工业化阶段。并且由于交通不便导致当地市场信息与区域外市场隔离，企业难以在竞争中发展。因此这些地区多靠开采资源和国家扶贫资助，显然并非长久之计。中西部地区基础设施落后、生态环境脆弱、经济结构不甚合理、市场体系发育滞后等问题仍未从根本上改变，而这些都是制约该地区发展的非常重要的因素。

三、资源环境约束压力日益加大

目前我国大多数区域表现为过度消耗土地、能源和矿产资源，并且很多地区一直采用这种粗放型的发展模式，单位 GDP 能耗远远高于发达国家，不仅使我国能源、矿产资源储备降低，也产生了资源依赖进口的问题，影响区域经济发展和经济安全以及环境安全。这种粗放型的增长模式具体表现为资源和环境透支两个方面。资源透支型经济增长模式是指区域经济增长靠大量高能耗、高污染、低附加值的资源和劳动密集型制造业拉动的经济增长模式。环境透支型经济增长方式是以不断将资源变为废物的数量型增长拉升 GDP 数字，是以资源环境和公众健康不断透支为基础的。

从国际背景来看，经济全球化和区域经济一体化深入发展的背景下，以全球变暖为主要标志的全球气候变化已经成为当今国际社会普遍关注的焦点问题。另外，我国仍然处于工业化、城镇化快速发展的时期，面临着经济结构调整的艰巨任务。双重的压力对处于产业层级较低的西部地区而言带来了较大的制约，同时对东部地区的发展也不可避免地产生了影响。

四、促进区域协调发展的政策体系尚不健全

尽管我国区域政策框架已经建立，但是缺乏完善的全国性区域协调机构和法律保障。国家将区域政策权责分散到各部委，很难形成统一协调发展的合作，不能为实现资源要素整合和合理配置提供机制性服务。没有层次分明又紧密联系的协调发展机制，并且由于全国性区域协调发展机构的缺位，使同级区域之间的争端如跨区域资源环境问题缺少解决机构和执行监管；在中央和地方两级之间，利益不能统一，财政政策执行力缺乏。并且由于缺乏有效的评价措施，地区协调发展成效并不十分显著，区域绝对差距仍在扩大。即使在同一区域内部，由于不同行政主体的存在，往往也具有较强的竞争性。利益受损的地区变得不愿意承担政策任务，得到外部利益的地区则不愿更改规划，导致区域矛盾升级和区域结构问题。

在“十二五”规划纲要中，中央提出了实施区域发展总体战略，但是缺乏相关法律体系约束地方政府相关责任和保障加以规划得以实施，产生了一定程度上的形式主义问题。而且，因为缺少法律保障，所以区域规划在市场微观主体的指导和调控方面十分乏力。

另一方面，区域协调政策缺少高效的执行程序和科学的规划、衡量指标。自上而下的政策实施过程中经常出现政策失效问题，没有进行科学系统的调研环节，容易产生政策与当地实际情况不符，政策取向歪曲，只重视发展速度和地方利益、不顾全局等问题。急功近利的开发模式忽视了经济持续发展对于综合环境质量的要求，包括区域布局、人文和生态环境、自然资源的合理开发与保护等等。在区域发展的衡量方面，现行办法多采用传统的 GDP、经济产出和发展速度、增长幅度等指标，这些指标都具有平面性和单向性，只能反映数量的变化却不重质量，无法科学和全面描述地区发展的情况和考评发展的质量和效益。这些问题导致了区域规划中中央与地方、各个区域之间、地方政府和企业之间的协调很难达成普遍一致，政策缺乏执行力。

五、区域间基本公共服务不均等

以四大区域划分，我国区域之间、区域之内在教育、医疗、科技发展水平和

基础设施建设上都有不小差距。在科技发展水平上四大地区相差很多，2013 年，东部地区国内专利申请授权量占全国总数的 75%，而东北地区、中部地区、西部地区分别占 4%、12% 和 1%，万人国内专利申请授权量为东部 16.64 件，东北 4.32 件，中部 3.7 件、西部 2.94 件。在教育、医疗资源上，东部地区占全国比重均为将近 40%，东北地区占 10%，中西部地区各占 25% 左右的比重，大致与各地区占全国总人口数比例相同。四大区域内部在资源分布和经济发展水平上也有所差距，这一点在西部地区尤为明显。

区域基础设施的建设取决于经济发展水平。从交通、供水、供热等基础设施建设情况来看，2000 年以后经济高速和平稳发展，中西各地区基础设施较以前都有了很大改善，但区域之间差距仍然较为明显。西部地区投资有所不足建设存在一定困难，东部地区基础设施较为完善，但存在城市基础设施建设无法满足人口聚集和产业发展的需要的问题。我国各地区城市化进程的加快。发展中城市规模的扩大和居民对于提高生活质量的需求都对完善基础设施建设提出了要求。包括城市交通、通信系统和网络系统的建设；大城市的郊区化则提高了对区域基础设施质和量的双重需求①。

“十三五”期间，我国应继续以区域发展总体战略为基础，以“一带一路”建设、京津冀协同发展、长江经济带发展为引领，形成沿海沿江沿线经济带为主的纵向横向经济轴带，塑造要素有序自由流动、主体功能约束有效、基本公共服务均等、资源环境可承载的区域协调发展新格局。

① 王延中．基础设施与制造业发展关系研究［M］．中国社会科学出版社，2002．

第七章　社会资本与中国区域协调发展：实证检验

社会资本能够影响经济发展已经从理论层面得到了证实，以下试图从实证角度检验我国区域社会资本在多大程度上影响着我国区域经济增长，进而对区域协调发展产生影响。

第一节　中国区域社会资本的测量

社会资本极难全面地测量，对中国区域社会资本而言更是如此。困难的原因不仅仅是在于社会资本这个概念本身难以界定，还在于目前针对社会资本的测量大都基于调查研究的方法。在我国，目前还没有专门针对社会资本进行的调查，因此使得学者们大都面临着数据搜集方面的困难。尽管这样，有些开放数据库还是给我们提供了研究上的方便及可能。自 2005 年起，中国社会调查开放数据库向公众正式开放，该调查搜集了大量的社会调查数据，为我们的社会资本研究提供了一定可参考的数据。另外，针对宏观层面社会资本的研究，我们可以通过寻找合适的代理变量的方法取得。本节的目的在于，尝试对中国区域层面的社会资本进行测量，以期为下文的实证分析提供可以使用的区域社会资本数据。

国内外针对社会资本与区域经济差异的研究大都受困于数据的限制，一般选取代理变量进行测量。认知型社会资本重点强调一个地区的社会信任水平，因此国外学者多采用信任度指标来代替认知型社会资本①，目前国外学术界对信任数据的获取主要是通过问卷调查形式进行，对于跨国层次的研究则主要是使用欧洲价值观研究（EVS）②和世界价值观调查（WVS）③的数据。

---

① 相关研究有：Knack and Keefer（1997）、Whitely（2000）、Zak et al.（2001）、Berggren et al.（2007）、Felix Roth（2009）等。

② 该调查起始于 1981 年，由 Jan Kerkhofs 和 Ruud de Moor 共同领导，针对西欧十国的调查。该调查是一项基于人类基本价值观的大型跨国研究 主要调查欧洲人对于生活、家庭、工作、宗教、政治和社会的看法。

③ 该调查是一项描述世纪社会文化和政治变迁等问题的调查研究，由美国密歇根大学政治学教授 Ronal Inglehart 具体负责，调查对象是全球范围内具有代表性的国家或地区的普通民众。自 1981 年起 WVS 已进行了五次，目前的第六次（2010—2014）正在实施中，该调查涉及的领域包括生态、经济、教育、情感、家庭、性别、性、政府和政治、幸福、健康等等方面，通过询问受访者关于宗教、性别定位、职业激励、民众、社会资本。政治参与、主观幸福感等方面的价值观及其转变的情况，并将调查数据和结果通过网络平台的方式向大众公开。该数据库成为社会资本等相关领域学者获取数据的主要来源。

我国目前还没有一个连续调查信任度的机构或部门统计各地区的普遍信任水平，大多数研究宏观层面社会资本的文献都采用了张维迎和柯荣住（2002）的研究结果，该研究作者委托“中国企业家调查系统”2000年对全国企业进行的问卷调查，该调查向15000多家企业发出问卷，收回有效问卷5000多份。调查涉及全国31个省、自治区和直辖市，调查对象主要是一些企业和企业领导人。问卷中信任的问题设计是“根据您的经验，您认为哪五个地区的企业比较守信用（按顺序排列）?”信任度的测度根据总样本中有多少比例的人认为该地区最值得信任，从而得出第一信任、第二信任等等。

由于该研究所得到的的信任数据仅仅是2000年的截面数据，有些采用面板数据进行实证研究的文献也多通过假设一个时间段内各地区的社会信任水平不变的方法来继续使用该数据来分析问题，如杨宇和沈坤荣（2010）、杨宇和郑垂勇（2008）等的研究。金丹（2012）认为，由于该数据所测量的信任是基于该省之外的企业家对该省的企业家信任的平均水平，而社会资本关于普遍信任的定义是一个地区或社会内部的相互信任程度，因此使用这一指标来衡量一地区的普遍信任水平可能并不准确。因此，金丹（2012）将社会资本划分为结构型社会资本和认知型社会资本两个维度，并使用“民间组织密度”衡量结构型社会资本，采用“相对劳动争议受理率”衡量认知型社会资本。表7－1给出了近年来社会资本与中国区域经济增长经验研究中用到的社会资本的指标，大多数研究都验证了社会资本对经济增长的影响，并且大多数研究都将信任作为社会资本的主要衡量指标。

表7－1　社会资本与中国区域经济增长经验研究及衡量指标

文献	研究地区和数据	因变量	自变量（衡量指标）	结论
杨宇、沈坤荣（2010）	中国31个省市区2002—2006年面板数据	各地区GDP	信任、民间组织密度	不同类型的社会资本对中国经济增长具有显著的正面影响，信任对中国经济增长具有显著的正面影响，民间组织密度的影响不显著
金丹（2012）	中国各省市区2000—2009年面板数据	各地区GDP	信任（相对劳动争议受理率）、民间组织密度	民间组织密度对经济增长的作用是中西部强于东部，社会信任对经济增长的密度则是东部强于中西部
潘峰华、贺灿飞（2010）	中国31个省市区	1978—2004年中国各个省区的人均GDP增长率	社团、慈善团体和献血	社会资本是影响中国各个省区长期经济增长的重要因素

续表

文献	研究地区和数据	因变量	自变量（衡量指标）	结论
刘长生、简玉峰（2009）	中国30个省份1996—2006年的面板数据	各地区GDP	相对劳动争议受理率	社会资本对中国经济增长产生了积极的影响，但存在较大的地区差异性。
张维迎、柯荣住（2002）	中国31个省市区2000年数据	人均GDP	信任	高增长地区守信的比例也较高。
卢燕平（2007）	中国整体经济	各地区GDP	自愿免费献血比例	社会资本与我国市场经济发展正相关。
杨宇、郑垂勇（2008）	中国省际截面和时间序列数据	各地区GDP	信任、民间组织	社会资本通过人力资本进而影响经济增长。

不可否认的是，尽管国内学者进行了大量有益的尝试，但还是受困于数据的限制，大多采用了代理变量进行实证研究。因此，尽管大多数研究都验证了社会资本对经济增长的作用，但结果的可靠性却值得商榷。但这些文献还是给我们提供了许多好的研究思路。以下我们拟从微观和宏观两个层面对中国区域社会资本进行测量，为下文的实证分析提供数据。

一、区域微观社会资本的测量——基于CGSS数据库

中国综合社会调查（CGSS）目前公布的可获得的数据为2003年、2005年、2006年以及2008年。由于该调查同样没有专门针对社会资本的各指标进行连续性的调查，因此，我们只能依据个别问题的设计，获取社会资本个别指标的数据。另外，有些问题该调查并没有连续出现在随后的调查中，大多数指标我们也无法获得面板数据。

（一）区域信任

中国综合社会调查CGSS（2003）针对信任问题的设计是：“一般说来，您对现在社会上的陌生人是否信任?”答案分别是：1）非常不信任；2）不信任；3）一般；4）信任；5）非常信任。按照国际通用算法，我们将受访者中回答“一般”“信任”和“非常信任”的人数，占各地区总受访者人数的比例作为度量各地区信任水平的代理变量。

表 7-2　中国各地区信任水平

省份	信任水平 Trust	信任水平① Trust*	省份	信任水平 Trust	信任水平 Trust*
北京	25	16.6	河南	25.4	0.6
天津	25.7	1.7	湖北	27.1	0.5
河北	28.7	1.4	湖南	25.9	0.4
山西	22.5	0.6	广东	44.5	10.1
内蒙古	17.5	0.7	广西	24	0.6
辽宁	17.7	1.9	海南	28.3	0.1
吉林	9.2	0.7	重庆	21.9	0.5
黑龙江	19.2	0.7	四川	18.9	0.9
上海	38.8	22.7	贵州	16.4	0.2
江苏	22.7	5.7	云南	20	1.4
浙江	32.9	3.5	陕西	21	0.7
安徽	24.4	0.4	甘肃	17.1	0.3
福建	34.1	0.9	青海	——	0.2
江西	39.2	0.2	宁夏	——	0.2
山东	32.5	6.4	新疆	21.3	1.1

表 7-2 给出了计算得出的各地区信任水平的值。根据表中数据，我们发现，整体看，各地区信任指标处于较低水平，平均值为 25.068，即每 100 个人中，仅有大约 25 个人对陌生人的态度是“一般”“信任”“非常信任”。最小值是吉林省的 9.2，最大值是广东省的 44.5。如果我们仅统计受访者中回答“信任”和“非常信任”的比例，这一指标水平更低，平均值为 4.396，最小值是辽宁省，仅为 0.9，最大值是山东省，也仅达到 9.4。根据这个调查数据，似乎也验证了许多文献中经常提到的关于“华人社会或者中国人被认为是最缺乏信任的群体之一”。[②] 遗憾的是，中国社会综合社会调查（CGSS）在随后的调查中不再对此问题的进行调查，因此我们无法获得更多的信任水平的数据。

除了 CGSS 数据库，目前大多数关于信任的实证研究都选用张维迎、柯荣住（2002）的研究结果，我们用该研究的第一信任值代表各地区信任水平，下文分析信任与贸易的关系时我们会用到该组数据。

---

① 此列给出的是张维迎、柯荣住（2002）的研究中，第一信任水平的值。

② 张维迎、柯荣住（2002）。

（二）区域社会网络

按照前文的定义，本研究重点关注以社会资本为理论基础的社会网络。社会网络一方面是松散的，经常变动的、非组织化的、非正式的、采取朋友、同事和邻居相互交叠、相互连锁的网络的形式；另一方面，是通过俱乐部、协会和组织串联起来的高度组织化的、紧密联结的群体。这些俱乐部、协会和组织包括任何形式的、有着正式组织化基础的志愿性社团、中介性组织、次级社团、共同体社团以及宗教组织。

社区参与（X1）也是区域社会网络的重要方面，CGSS（2003）针对此的问题设计是：您是否参加了最近一次居委会的投票选举？答案是：1）参加了；2）没有参加。我们通过每个省市区计算获得受访者中回答“参加了”的人数占所有受访者的比例，并用这一比例代表各个地区的以政治参与为特征的社会网络水平（表7－1）。根据表中数据，我们发现，整体看，各地区社区参与情况处于较低水平，平均值为18.568，即每100个人中，仅有大约19个人参加了最近一次居委会的投票选举。最小值是内蒙古的2.5，最大值是河南省的44.5。

CGSS（2008）针对受访者参加宗教活动（X2）的问题设计是：您参加宗教活动的频繁程度是？答案是：1）一周几次；2）一周1次；3）一个月2－3次；4）一个月1次；5）一年几次；6）一年1次；7）更少；8）从不。我们按照参加次数频率赋值，参加次数越多赋值越高，参加次数越低赋值越低。我们用每个省份所有受访者的得分总和代表该省份对宗教活动的参与程度，得分越高说明该地区居民对宗教活动的参与程度越高，越低说明居民对宗教活动的参与程度越低。

CGSS（2008）还针对居民是不是工会会员（X3）进行了询问，具体问题是：您是否是工会会员？答案是：1）是；2）以前是，现在不是；3）从来都不是。我们计算所有受访者中回答“是”的人数占总受访者的比例，并用该比率来代表该地区居民对工会活动的参与情况。

CGSS（2008）针对居民政治参与（X4）情况的问题设计是：您是否参加过最近的一次人大代表选举/村民选举？答案是：1）参加过；2）没参加过。我们计算所有受访者中回答“参加过”的人数占总受访者的比例，并用该比率来代表该地区居民的政治参与情况。

CGSS（2006）针对居民参加社团组织（X5）的情况进行了询问，具体问题是：请问您现在是否参加了某个协会、社团、俱乐部或其他组织？答案是：1）是；2）否。

由于CGSS数据库我们可以利用的社会网络相关问题仅涉及到以上问题，我们只能用CGSS（2003）社区参与（X1）和CGSS（2006）参与社团情况（X5）

代替2008年的两个指标的数值。

表7-3 社会网络各指标情况

地区	X1	X2	X3	X4	X5	因子得分F1	因子得分F2	综合得分F
北京市	32.00	38.00	40.83	53.33	2.23	2.05	-1.01	0.39
天津市	22.60	7.00	25.83	25.83	0.00	-0.49	-1.00	-0.37
河北省	17.10	48.00	41.67	48.75	0.75	0.70	-1.93	-0.21
山西省	11.20	29.00	9.17	35.83	1.25	-0.61	-0.36	-0.26
内蒙古	2.50	44.00	22.78	17.78	0.00	-1.62	-1.50	-0.82
辽宁省	25.90	87.00	1.75	31.67	1.25	-0.28	1.25	0.19
吉林省	19.20	103.00	14.58	87.50	0.00	0.87	-0.37	0.18
黑龙江省	15.00	99.00	11.25	21.67	0.29	-1.15	0.19	-0.30
上海市	20.30	38.00	18.33	21.25	1.50	-0.28	-0.18	-0.12
江苏省	22.70	183.00	19.79	55.21	2.32	1.26	0.76	0.54
浙江省	16.40	56.00	24.17	66.67	1.88	1.18	-0.90	0.16
安徽省	12.00	109.00	17.14	29.17	2.29	-0.06	0.05	-0.01
福建省	20.60	298.00	14.17	24.17	2.49	0.28	2.10	0.54
江西省	13.30	72.00	14.58	30.83	0.83	-0.66	-0.27	-0.26
山东省	18.40	32.00	17.08	50.83	1.54	0.46	-0.50	0.03
河南省	46.00	158.00	14.63	35.74	0.60	0.80	1.91	0.66
湖北省	6.70	7.00	7.08	0.20	0.21	-2.31	-0.49	-0.80
湖南省	19.70	30.00	2.78	53.89	1.04	0.00	0.25	0.05
广东省	13.70	243.00	8.81	22.62	0.86	-0.92	1.39	0.03
广西	17.80	26.00	8.89	43.75	2.50	0.41	0.11	0.15
重庆市	29.30	11.00	7.55	24.17	1.25	-0.23	0.61	0.06
四川省	19.60	38.00	10.83	36.67	2.50	0.34	0.24	0.16
贵州省	17.10	61.00	22.08	35.83	1.40	0.08	-0.53	-0.09
云南省	35.60	13.00	2.50	40.00	2.81	0.99	1.35	0.59
陕西省	13.50	61.00	32.33	46.00	3.72	1.47	-0.98	0.22
甘肃省	10.00	60.00	6.67	5.00	1.25	-1.58	0.21	-0.43
宁夏	——	142.00	12.50	27.50	0.81	-0.55	0.66	-0.02
新疆	10.00	103.00	31.11	30.56	1.25	-0.16	-1.06	-0.28

社会网络的以往研究大都是通过因子分析的方法从一些具体的观测指标中提取不同的网络因子。本研究同样利用因子分析的方法获取各地区的社会网络因子。对上述5个指标运用因子分析的方法，根据特征值大于1的原则，提取2个

因子（$F1$ 和 $F2$），得如下总因子得分公式：

$$F = 0.3069 * F1 + 0.2293 * F2$$

将每个因子得分的值代入上式，得到最终总因子的分（见表 7-3），我们用该值度量各地区的社会网络水平。因子得分越高说明该地区社会网络水平越发达，因子得分越低说明该地区社会网络水平越低。遗憾的是我们只能根据 CGSS 的数据获得这一截面数据。

（三）简单评论

CGSS（2003）对信任问题的设计与世界价值调查（WVS）对于信任的设计最为接近，因此，基于该年调查的信任数据是较为准确的，但遗憾的是我们仅能获得这一年的数据。对于区域社会网络的测量，我们认为是比较准确的，所涉及的问题包括：社区参与、宗教活动、工会参与、政治参与、社团参与五个方面，这五个方面基本上涵盖了社会网络的诸多方面，用因子分析方法将五个指标提取成两个因子，并最终得到综合得分用来度量各地区的社会网络水平，所得的综合得分基本上能够代表了 2008 年各地区的社会网络水平。但遗憾的是，由于 CGSS（2008）没有对社区参与和社团参与进行调查，我们只能使用 CGSS（2003）和 CGSS（2006）的数据。但我们认为，一个地区的社区参与和社团参与在一定时期内可能变化不大，因此，之前两次调查所得的数据基本能够反映各地区 2008 年的社会参与和社团参与的情况。

二、区域宏观社会资本的测量

以上我们通过 CGSS 数据库提供的调查数据对区域微观社会资本进行了尝试性的测量，但很显然这种尝试存在诸多问题：首先，我们仅获得了 2003 年各地区的信任水平的值。笔者先前的研究利用 CGSS（2005）通过因子分析的方法测算了地区间信任水平，但这两个截面的数据由于测量方法的不一致，共同使用会带来问题。其次，如果我们要进行面板数据的分析，很显然假设某一地区信任水平或者社会网络水平在一段时间内不变并不符合实际情况。因为，大多数研究都证明，信任可以对经济绩效产生影响，经济绩效也是决定信任的重要因素之一。最后，对于区域社会网络的测量，个别指标我们使用的是 CGSS（2006）的数据，也会对真实结果带来一定的影响。鉴于以上问题的存在，我们继续尝试从宏观层面对中国区域社会资本进行测量。

（一）指标选取

1. 区域信任

无偿献血率和相对劳动争议受理率两个指标近年来被用来替代信任度以衡量认知型的社会资本。但杨宇等（2010）认为，无偿献血率不足以衡量认知型社会资本，原因在于无偿献血率所反映的社会公德心和一个地区的经济增长关系并不直接。在中国，医疗卫生条件、无偿献血的宣传、宗教信仰、医疗知识普及和献血回报的利益驱动等因素都可能会影响到我国的无偿献血率。[①] 因此，本研究也采用“相对劳动争议受理率”（X1），是指不同省份在不同年份相关管理部门所受理的劳动争议案件数与该省 GDP 的比值。其值越大，说明社会信任度越低。因此，该指标是负向指标。刘长生，简玉峰（2009）、杨小玲（2010）、金丹（2012）的研究均采用了上述指标。本文关于各地区相对劳动争议案件数的数据主要来源于国家统计局网站以及 2001—2005 年《中国劳动统计年鉴》。

2. 区域社会网络

对于区域社会网络的测量，国外学者多采用问卷调查的方法，通过设置“投票参与率、报纸阅读率、民间组织的人数、文艺活动水平”等问题来获取相关数据。本文选取如下指标：各省区的年末每万就业人口实有社团数；每万就业人口社会组织单位数；固定和移动电话长途通话时长。自愿组织在中国的对应称谓是民间组织。民间组织是一种自愿性的中介组织，通过自我约束、志愿服务等机制，一定程度上弥补了“市场失灵”和“政府失灵”（杨宇等，2010）。我们从“中国社会组织网”（http：//www. chinanpo. gov. cn）公布的数据获得了各地区的社会团体数和社会组织数，各地区就业人口数据来自于历年《中国统计年鉴》。

固定和移动电话长途通话时长，一定程度上反映本地区的居民与外界联系的频繁程度，与本地区外的人联系的越频繁，说明区域社会网络越密集，这种密集的区域社会网络能够对居民收入乃至区域经济发展做出贡献。

3. 区域规范

目前针对规范的实证研究，数据大都来自于调查数据。世界价值调查（WVS）关于市民规范的问题分别是：A. 向政府申报那些本不应当受益的项目；B. 乘坐公共交通时逃票；C. 如果有机会瞒报税收；D. 捡到的钱自己保留；E. 对意外造成的车的伤害瞒报。并询问受访者对以上问题的看法。答案分别为“完全合理的”“完全不合理的”或者“两可之间”，受访人的答案选择为从 1（完全不合理）到 10（完全合理）的数字。Knack 和 Keefer（1997）将对每个问题回答为完全不合理的受访人的比例作为度量市民规范的指标，五个指标在该问题上的平均值作为最终指标。该指标与信任指标相比，显然不是太准确。因为受访人

---

① 本文也尝试了无偿献血率，结果发现用该指标有一定的局限性。

在回答这些问题时，显然不会说出心里真实的想法。这点就造成了度量市民规范的误差，并且这种误差是客观存在的。Knack 和 Keefer（1997）也同样用上面提到的实验验证该指标的可靠性，将对问题 D 持肯定态度的受访者的比例与返还的钱包数量做相关分析，两者相关系数为 0.52。

针对中国的调查，仅仅有前三个问题（A、B、C）的数据，根据受访人的回答情况。我们计算出四个代表性年份中国的市民规范水平（表 7－4）。一个显著的特点是，市民规范水平显著降低，2001 年以前基本维持在 70% 以上的水平，而 2007 年的水平则降为 56.1%。

表 7－4 中国的市民规范水平

年份	1990	1995	2001	2007
市民规范	78.57	71.07	74.17	56.1

数据来源：根据世界价值调查数据整理得出，原始数据可参见 http：//www.worldvaluessurvey.org.

目前国内没有针对省际层面规范的调查，我们采用各地区公共图书馆机构数（X5）、以及公共图书馆总流通人次（X6）作为省际规范指标的代理变量。数据来源于国家统计局网站。

4. 区域社会结构

Lee et al.（2011）认为，城镇化率和移民反映了一个地区人口的异质性，一个社会如果有大量的国际移民，则该社会的协会活动就较低，因为移民很难融入这个社会。因此，我们选择各地区城镇化率指标作为区域社会结构的一个方面。

Putnam（2000）认为，美国在 20 世纪后半叶社区活动水平有所下降，主要原因在于人们看电视时间的增加。因为人们把大量的时间用于看电视，而不去参加邻里、社区等活动，也不去会见朋友，而这些都是与社会合作水平紧密联系的。因此，我们选用各地区每百户居民拥有电视机数量（X8）作为区域社会结构的一个指标。

另有一部分学者研究认为，互联网的使用能够通过提高信息流量和创造网上社区来加强水平网络。互联网作为一种科技创新，对人们的日常生活、工作、交流以及闲暇都产生了重大的影响。有研究表明，互联网已经渗透到人们每一天的生活节奏中，并被用于各种目的，例如浏览信息、打游戏、聊天等等（Howard, et al., 2002；Quan－Haase &Wellman, 2002）。有相当比例的人在做出一些重大决策时也会寻求互联网的帮助（Howard, et al., 2002）。

根据现有文献，互联网使用对社会资本的影响有三种观点：（1）互联网能够直接促进社会资本的积累。原因在于互联网提供了一种更为便宜和便捷的沟通方式，使得以往比较松散的社会联系变化更加紧密。互联网低成本的特点，使人与人之间的交往和社会团体的参与可以脱离地区和身份的限制，偏远地区的人们也可以积极参与，只要兴趣相同，就能形成社会网络（Barlow，1995；Wellman，2001）。（2）互联网降低社会资本：由于互联网具有娱乐功能，它会使人们远离家庭和朋友，有些人甚至沉迷于网络而不能自拔，与外界的联系减少。更进一步，由于互联网使人们介入了过多的团体，从而减少了对本地社区和政治的兴趣（Nie，2001；Nie，Hillysus & Erbring，2002）。（3）互联网是当前社会资本的有益补充。互联网已经融入人们的生活，它成为维持现有社会资本的工具，通过网络联系，扩展了以往仅仅通过电话和面对面的联系。同时人们还可以在互联网上继续他们的爱好和政治兴趣。这意味着互联网帮助增加现有社会资本（Quan - Haase & Wellman，2002）。

近年来，互联网在中国经历了快速的发展。截止 2013 年 12 月，中国网民规模达到 6.18 亿，互联网普及率为 45.8%，[①]刘静和杨伯溆（2010）的研究发现，校内网使用强度对互联网社会资本影响显著，现实生活中的好友数量对互联网社会资本的规模影响显著。因此，本文选择互联网上网人数作为区域社会结构的一个方面。数据来源于国家统计局网站。

表 7－5　中国区域社会资本变量选择及数据来源

变量	变量	数据来源	时间段
区域信任	X1：相对劳动争议受理率（%）	国家统计局网站 http：//www.stats.gov.cn/tjsj/ 中国劳动统计年鉴	2000—2012
区域社会网络（协会参与）	X2：每万人就业人口中社团数（个/万）	中国社会组织网 www.chinanpo.gov.cn	2002—2012
	X3：每万人就业人口中社会组织数（个/万）	中国社会组织网 www.chinanpo.gov.cn	2006—2012
	X4：固定和移动电话长途通话时长（亿分钟）	国家统计局网站 http：//www.stats.gov.cn/tjsj/	2006—2012
区域规范	X5：公共图书馆机构数（个）	国家统计局网站 http：//www.stats.gov.cn/tjsj/	2000—2012
	X6：公共图书馆总流通人次（万人次）	国家统计局网站 http：//www.stats.gov.cn/tjsj/	2008—2012

① 数据来源：第 33 次中国互联网络发展状况调查统计报告。

续表

变量	变量	数据来源	时间段
区域社会结构	X7：城镇化率（%）	国家统计局网站 http：//www.stats.gov.cn/tjsj/	2002—2012
	X8：每百户居民拥有电视机数量（台）	国家统计局网站 http：//www.stats.gov.cn/tjsj/	2000—2012
	X9：互联网上网人数（万）	国家统计局网站 http：//www.stats.gov.cn/tjsj/	2002—2012

（二）测量结果

我们利用因子分析的方法对上述 9 个指标 2000—2012 年间的横截面数据分别进行分析，根据特征值大于 1 的原则，提取公因子，分别得到每一年的总因子得分公式：

2000 年：FAC_ 1 =0.5248 * FAC1_ 1

2001 年：FAC_ 2 =0.5697 * FAC1_ 2

2002 年：FAC_ 2 =0.3439 * FAC1_ 2 +0.2823 * FAC2_ 2 +0.1914 * FAC3_ 2

2003 年：FAC_ 4 =0.4305 * FAC1_ 4 +0.2661 * FAC2_ 4

2004 年：FAC_ 5 =0.3943 * FAC1_ 5 +0.2661 * FAC2_ 5

2005 年：FAC_ 6 =0.4461 * FAC1_ 6 +0.2749 * FAC2_ 6

2006 年：FAC_ 7 =0.3451 * FAC1_ 7 +0.2901 * FAC2_ 7 +0.2125 * FAC3_ 7

2007 年：FAC_ 8 =0.33 * FAC1_ 8 +0.2919 * FAC2_ 8 +0.2213 * FAC3_ 8

2008 年：FAC_ 9 =0.3633 * FAC1_ 9 +0.2971 * FAC2_ 9 +0.2143 * FAC3_ 9

2009 年：FAC_ 10 = 0.3612 * FAC1_ 10 + 0.2932 * FAC2_ 10 + 0.2108 * FAC3_ 10

2010 年：FAC_ 11 =0.36514 * FAC1_ 11 +0.2836 * FAC2_ 11 +0.2074 * FAC3_ 11

2011 年：FAC_ 12 =0.3715 * FAC1_ 12 +0.2760 * FAC2_ 12 +0.2083 * FAC3_ 12

2012 年：FAC_ 13 =0.4700 * FAC1_ 13 +0.3948 * FAC2_ 13

将每个因子得分的值代入上式，得到最终总因子的分（见表 7 -3），我们用该值度量各地区的社会资本水平表 7 -6。因子得分越高说明该地区社会资本水平越发达，因子得分越低说明该地区社会资本水平越低。

表 7-6　各地区社会资本水平

省份	2000	2001	2002	2003	2004	2005	2006	2007	2008	2009	2010	2011	2012
北京	1.33	1.27	1.22	0.51	0.56	0.60	0.84	0.85	0.70	0.86	0.80	0.80	0.42
天津	0.65	0.66	-0.08	-0.16	-0.06	0.05	0.09	0.06	0.02	-0.09	-0.15	-0.20	0.09
河北	-0.65	-0.94	-0.04	-0.02	-0.07	-0.09	0.17	0.05	-0.04	0.09	0.06	0.07	-0.07
山西	-0.35	-0.32	-0.44	-0.05	-0.11	-0.17	-0.41	-0.43	-0.47	-0.52	-0.53	-0.56	-0.37
内蒙古	-0.22	-0.17	-0.51	-0.35	-0.42	-0.39	-0.36	-0.38	-0.41	-0.39	-0.40	-0.38	-0.42
辽宁	-0.19	-0.24	0.10	0.31	0.17	0.12	0.07	0.07	0.12	0.20	0.23	0.19	0.16
吉林	0.68	0.10	0.12	-0.29	-0.24	-0.18	0.16	0.16	-0.07	-0.11	-0.12	-0.19	-0.31
黑龙江	0.05	0.03	0.06	-0.08	-0.19	-0.20	0.04	0.06	-0.10	-0.14	-0.17	-0.20	-0.29
上海	0.82	0.74	0.94	0.61	0.66	0.90	0.82	0.87	0.79	0.72	0.74	0.79	1.17
江苏	0.66	0.35	0.86	0.76	0.70	0.74	1.05	1.02	0.94	0.93	1.06	1.05	1.20
浙江	0.14	0.20	0.68	0.40	0.48	0.62	0.87	0.88	0.89	1.00	0.93	0.91	1.31
安徽	-0.70	-0.57	-0.03	-0.64	-0.62	-0.45	-0.12	-0.16	-0.23	-0.20	-0.16	-0.11	-0.07
福建	-0.01	0.06	0.03	0.29	0.32	0.32	-0.04	-0.06	-0.01	-0.02	-0.02	0.00	0.44
江西	-0.49	-0.35	-0.16	-0.49	-0.51	-0.50	-0.19	-0.15	-0.24	-0.11	-0.10	-0.05	-0.10
山东	-0.43	-0.46	-0.13	0.64	0.59	0.56	0.05	-0.12	0.04	0.16	0.18	0.05	0.26
河南	-0.60	-0.58	-0.49	-0.05	-0.14	-0.15	0.10	0.11	-0.04	0.10	0.05	-0.04	-0.06
湖北	-0.08	-0.12	-0.39	0.28	0.27	0.17	-0.44	-0.42	-0.29	-0.32	-0.27	-0.34	0.06
湖南	-0.46	-0.42	-0.30	-0.15	-0.19	-0.14	-0.10	-0.15	-0.17	-0.14	-0.12	-0.11	-0.13
广东	0.45	-0.38	0.35	1.50	1.37	1.54	1.15	1.11	1.47	1.29	1.25	1.31	1.63
广西	0.22	0.35	-0.22	-0.03	0.08	0.00	-0.37	-0.38	-0.25	-0.35	-0.33	-0.35	-0.21
海南	0.05	0.40	-0.32	-0.78	-0.40	-0.53	-0.42	-0.37	-0.43	-0.49	-0.57	-0.58	-0.58
重庆	0.68	0.53	0.43	-0.04	0.08	0.11	0.01	-0.01	-0.04	-0.11	0.00	0.04	-0.14
四川	-0.30	-0.41	-0.39	0.39	0.39	0.31	-0.30	-0.35	-0.30	-0.16	-0.12	-0.08	-0.05
贵州	-0.35	-0.44	-0.35	-0.43	-0.46	-0.41	-0.35	-0.36	-0.46	-0.48	-0.44	-0.41	-0.69
云南	-0.83	-0.73	-0.87	0.00	-0.17	-0.23	-0.82	-0.82	-0.64	-0.63	-0.68	-0.67	-0.46
陕西	-0.32	-0.24	-0.35	-0.03	-0.06	-0.06	-0.49	-0.49	-0.45	-0.44	-0.40	-0.39	-0.29
甘肃	-0.31	-0.26	-0.39	-0.27	-0.38	-0.46	-0.58	-0.50	-0.51	-0.49	-0.47	-0.39	-0.65
青海	0.08	0.25	-0.21	-0.67	-0.63	-0.67	-0.47	-0.33	-0.42	-0.52	-0.51	-0.48	-0.68
宁夏	0.46	1.60	0.52	-0.76	-0.64	-0.71	-0.03	-0.02	-0.13	-0.19	-0.19	-0.11	-0.56
新疆	0.03	0.07	0.38	-0.39	-0.40	-0.70	0.08	0.26	0.72	0.54	0.46	0.45	-0.60

（三）简单评论

宏观层面社会资本的测量一般通过选取代理变量，我们试图选取尽可能反映社会资本四个方面的指标，然后通过因子分析的方法，获得每一年的因子得分，进一步得到总得分。这种方法有较强的合理性，但也存在一定的问题。由于受数据限制，我们没能找全2000—2012年所有的9个指标数据，个别指标个别年份的数据是缺失的，因此最终的结果可能存在一定的偏差，这也是我们这组数据的缺憾。

社会资本尽管难以测量，但学者们还是进行了各种尝试。中国由于缺乏完整的调查数据，所以给社会资本的相关研究带来了极大的困难。本部分从微观和宏观两个层面对中国区域层面的社会资本进行测量。微观层面的测量基于CGSS数据库，我们从微观区域信任和区域社会网络进行了测量。宏观层面的测量基于宏观统计数据，我们通过9个代理指标，分别对区域信任、区域社会网络、区域规范和区域社会结构进行测量，并逐年运用因子分析的方法，获得每年的因子总得分，用来度量各个地区的社会资本存量水平，从而为下文的实证分析提供数据。需要说明的是，由于受数据的限制，本章对区域社会资本的测量是尝试性的，尚存有诸多需要深入讨论的地方。

第二节　模型选择

上文的分析给出了中国区域社会资本存量，理论分析也证实社会资本可能是影响中国区域经济增长的因素，以下我们将从实证的角度来验证社会资本对中国区域经济增长的影响，以期给出精确的数量上的回答。

本文借鉴熊俊（2005）以及杨宇等（2010）的研究，将物质资本、劳动、知识资本作为经济增长的三个投入要素，将制度和社会资本看作影响投入要素使用效率即全要素生产率的因素，建立扩展的三要素生产函数，形式如下：

$$Y = AK^{\alpha_1}L^{\alpha_2}H^{\alpha_3}e^{\alpha_4 forinst+\alpha_5 SC+X} \tag{7-1}$$

其中，Y代表一国或地区国内生产总值，A是效率系数，K是物质资本，L是劳动，H是人力资本，α_1、α_2及α_3分别是物质资本、劳动以及人力资本的产出弹性，$forinst$代表正式制度，SC代表社会资本水平，X代表控制变量，α_4、α_5分别代表正式制度和社会资本对总量产出的影响系数。我们将首先使用面板数据检验社会资本、正式制度与区域经济增长的关系。横截面数据和时间序列数据往往会引起遗漏变量的问题，使得数据难以获得或不易衡量而无法进入模型中，面板数据能够有效控制个体的异质性，其主要用途就在于有效处理不可观测的个体效应或时间效应。面板数据包含的信息量更大，降低了变量间共线性的可能性，增加了自由度和估计的有效性。面板数据的一般模型表示为如下形式：

$$y_{it} = \beta x_{it} + u_{it}$$

$$u_{it} = a_i + \varepsilon_{it}$$

$$\varepsilon_{it} = \rho_i \varepsilon_{i,t-1} + v_{it}$$

因此计量模型的对数形式写成如下形式：

$$\ln Y_{it} = \ln A + \alpha_1 \ln K_{it} + \alpha_2 \ln L_{it} + \alpha_3 \ln H_{it} + \alpha_4 forinst + \alpha_5 SC + X + \varepsilon_{it} \quad (7-2)$$

其中，i 代表截面，t 代表时间序列，ε_{it} 为残差项

同时我们还将采用 CGSS 截面数据进行检验，计量模型的对数形式写成如下形式：

$$\ln Y_i = \ln A + \alpha_1 \ln K_i + \alpha_2 \ln L_i + \alpha_3 \ln H_i + \alpha_4 forinst + \alpha_5 SC + X + \varepsilon_i \quad (7-3)$$

第三节 基于面板数据的检验

一、变量与数据来源

被解释变量为各地区的 GDP：时间为 1978—2012 年，数据来源为历年《中国统计年鉴》，并利用 GDP 指数折算为以 1978 年为基期。

社会资本：区域层面的社会资本数据我们采用上文测算的数据。

正式制度：国内学者从不同的角度对正式制度加以度量。有些学者认为制度可以界定为三个方面：市场化程度（全社会固定资产投资中非国有、集体投资占总投资的比重）、非国有化水平（非国有经济增加值占 GDP 的比重）、对外开放度（进出口额占 GDP 的比例）。有学者则认为制度可以界定为四个层面：产权制度（非国有化率）、市场化程度（市场化指数）、分配格局（市场化收入分配占 GDP 比重）、对外开放度（外贸依存度）。[①] 樊纲等人对我国省际层面市场化水平进行了度量，该研究选取了 23 个基础指标从五个层面对制度加以度量：政府与市场的关系、非国有经济的发展状况、产品市场发育、要素市场发育、市场中介组织发育和法律制度环境。考虑到数据的可获得性，本研究拟选用樊纲等人的市场化指数得分来度量 2000—2009 年中国 30 个省市区的正式制度。

物质资本：物质资本存量的估算，国内外已经有大量的文献，目前大多数文献采用的方法是 1951 年 Goldsmith 提出的永续盘存法（Perpetual Inventory Method，PIM）。该方法的基本估计公式可以表示为：$K_t = K_{t-1}(1-\delta) + I_t$ 。其中，K_{t-1} 和 K_t 分别代表第 t-1 期和第 t 期的资本存量，I_t 代表第 t 期新增的投资，δ 代表折

① 杨宇，沈坤荣（2010）的研究。

旧率。早在20世纪90年代初期就有学者对中国的物质资本存量进行了估计，有代表性的有：张军扩（1991）、贺菊煌（1992）、Jefferson 等（1992）、Chou（1993）。此后，相关文献不断出现，成为学者研究的热点，新世纪后，有学者开始尝试对各地区（省际）的物质资本存量进行估计，也出现了一批有代表性的文献：龚六堂等（2004）、张军等（2004）、徐现祥等（2007）、单豪杰（2008）、叶宗裕（2010）。由于学者们使用的方法、基期的选择、时段的选择不同，测量的结果也差异比较大，但精确的省际层面物质资本存量对理解和解释区域经济差异非常重要。本文各省区市的固定资本存量采用中国经济增长与宏观稳定课题组（2010）的研究结果。该研究同样采用永续盘存法，并随后将数据更新到2012年，① 具体估算过程如下：第一，利用1952—1978年固定资本形成指数，新增固定资产投资和1952年的固定资本存量得到1978年并以当年价格为基期的固定资本存量；第二，由1978年的全国固定资本存量按照1978年各省区市占全国全社会固定资产投资的比例，确定各省区市的以1978年为基期的固定资本存量；第三，把各省区市的全社会固定资产投资总额按照全国的全社会新增固定资产投资与全社会固定资产投资总额的比例换算成各省区市的全社会新增固定资产投资；第四，由各省区市和全国的国内生产总值指数、全国的固定资产价格指数以及1991年后的各省区市的固定资产价格得到1978—2012年以1978年为基期的固定资产价格指数；第五，按照永续盘存法计算出30个省区市1978—2012年以1978年为基期的固定资本存量。

人力资本存量：按照舒尔茨的定义，所谓“人力资本”是相对于物质资本而存在的一种资本形态，表现为人所拥有的知识、技能、经验和健康等。本文重点探讨地区间经济差异问题，因此文章中提到的人力资本都代表着一个地区总体的人力资本，即该地区中每个人具有的知识、能力、健康等个体人力资本构成因素的整合（王金营，2001）。自20世纪90年代初，我国学者开始对中国的人力资本进行测算，所采用的方法大体可以分为如下几类：支出成本法；收入法；基于教育存量的测算方法。支出法认为人力资本的形成源于投资，人力资本投资的成本支出可以看作人力资本的形成额。收入法是通过人口的未来收益现值之和来反映。由于上述两种方法存在一些未解决的问题，有学者利用相关教育指标作为人力资本的代表，平均受教育年份和总受教育年限是两个最常用的替代指标。本文更倾向于用支出法来对中国省际人力资本进行测量。具体采用如下测算公式：

---

① 感谢课题组成员张自然老师对本部分数据的支持与帮助。

人力资本 =[(特殊教育毕业生数 *1 +(小学 H) *1 +(初中 H) *1.7 +(中等职业学校毕业生数) *3.4 +(高中 H) *3.4 + 高校毕业生数 *22)]/[(特殊教育毕业生数 +(小学 H) +(初中 H) +(中等职业学校毕业生数) +(高中 H) + 高校毕业生数)]

其中：小学 H 表示小学毕业生人数减去小学升入初中的毕业生人数，初中 H 表示初中毕业生人数减去初中升入高中的毕业生人数，高中 H 表示高中毕业生人数减去高中升入大学的毕业生人数。边雅静、沈利生（2004）通过对我国各级学校的生均教育经费支出的考察，发现其基本满足如下关系，小学生均教育经费支出：初中生均教育经费支出：高中生均教育经费支出：普通高等学校生均教育经费支出 =1∶1.7∶4∶22。我们在参考上述研究的基础上，重新计算，确定了特殊教育毕业生均教育经费支出：小学生均教育经费支出：初中生均教育经费支出：中等职业学校毕业生均教育经费支出：高中生均教育经费支出：高校毕业生均教育经费支出 =1∶1∶1.7∶3.4∶3.4∶22。按照上述方法，我们获得了 2000—2012 年中国 30 个省区市人力资本的数据。①

根据相关文献，我们选择如下控制变量：政府对经济的参与程度（fisgdp），采用各地区财政支出占 GDP 的比例作为度量地方政府对经济参与程度的指标；对外开放因素（tragdp），用各地区进出口总额占 GDP 的比例作为度量对外开放的指标，以控制对外开放因素的影响。表 7 -7 给出了各变量的描述性统计结果。

表 7 -7 变量的描述性统计

变量	观测值	均值	中位数	标准差	最小值	最大值
lnGDP78	300	7.090	7.161	0.992	4.279	9.211
lnK	300	7.530	7.618	0.851	5.188	9.309
lnL	300	7.509	7.667	0.824	5.604	8.739
lnH	300	1.767	1.772	0.500	0.784	2.806
market	300	6.291	6.080	2.096	2.370	11.80
sc	300	-0.00800	-0.100	0.496	-0.940	1.600
tragdp	300	0.322	0.124	0.408	0.0370	1.721
fisgdp	300	0.163	0.150	0.0650	0.0690	0.450

① 同样感谢张自然老师在基础数据方面的帮助。

二、计量结果与解释

为了验证前文理论假设，我们采用了 OLS 和固定效应方法对模型进行估计，回归结果呈现为表 7 - 8。在第（1）列中，我们重点考察了前期经典文献所强调的主要变量对区域经济增长的影响。其中物质资本、劳动力和人力资本变量均显著为正，物质资本的系数最大，这个结论也与前期文献的结论一致。该模型的 R^2 为 0.931，意味着在本文的样本中，前期文献中所强调的因素基本给出了较好的解释，但是仍旧有一些不可观测个体因素在很大程度上影响着地区经济增长，如前文所述，各地区的社会资本因素可能会对区域经济增长产生影响。为此，在第（2）列中，我们进一步加入了 29 个反映地区个体效应的虚拟变量。此时，模型的 R^2 提高为 0.996，这意味着，个体因素（如区域信任、区域社会网络、区域规范等）能够进一步解释约 6.50%（0.996 - 0.931）的地区 GDP 的变动。第（3）列中，我们进一步加入政府对经济的参与程度和对外开放（贸易因素），模型的 R^2 变为 0.961，与基本模型相比，提高了 0.030，因此这两个控制变量对被解释变量的影响可以解释固定效应对被解释变量影响的 46.57%（0.030/0.065）。观察两个控制变量的系数，对外开放因素系数显著为正，政府对经济的参与程度系数显著为负。说明对外开放程度越高，区域经济增长越快；政府对经济干预程度越强，区域经济增长越慢。① 可能的解释是：一个地区对外开放程度越高，越有利于充分利用全球化带来的便利，能充分吸引外资、利用外来技术发展该地区经济，同时也更有利于将该区域的产品推向区域外，从而促进该地区就业的增长、收入的增加，进而带动地区经济增长。政府对经济的干预程度越大，就会影响市场经济作用的发挥，使市场对资源进行配置的决定性作用受到限制，进而对经济增长产生不利影响。

第（4）列中加入反映正式制度的市场化因素（market），正式制度的系数估计值在 1% 水平上显著为正，表明正式制度越完善，地区经济增长越快。此时模型的拟合优度 R^2 变为 0.965，与第 3 列相比，R^2 提高了 0.004，因此正式制度可以解释固定效应对被解释变量影响的 6.15%（0.004/0.065），即约有 6.15% 的个体效应可以归因为市场化所代表的正式制度。第（5）列在基本模型的基础上仅加入我们重点关注的社会资本因素（sc），其系数估计值在 1% 水平上显著为正，表明地区社会资本存量越高，经济增长越快。此时，模型的拟合优度 R^2 为

---

① 此处结论与金丹（2012）的结论一致，系数的解释参考了其研究。

0.942，与第（1）列相比，提高了0.011。因此，意味着约有16.92%（0.011/0.065）的个体效应可以归因为社会资本因素。第（6）列同时纳入正式制度和社会资本因素，社会资本系数估计值变小，但仍旧在5%水平上显著为正，正式制度系数估计值在1%水平上显著为正。如前文所述，社会资本与正式制度之间有替代作用，一个地区正式制度越完善，社会资本的作用就越弱；正式制度越不完善，社会资本的作用就越大。因此，社会资本系数估计值变小。模型的拟合优度 R^2 变为了0.956，与第（1）列相比提高了0.025，意味着正式制度和社会资本两个变量联合效应对固定效应的贡献为38.05%（0.025/0.065）。该联合效应既大于正式制度对固定效应贡献（6.15%），也大于社会资本对固定效应贡献（16.92%）。这意味着，尽管社会资本和正式制度有一定的替代效应，两者在一起的联合效应却能够发挥更大的作用。第（7）列同时纳入所有变量，此时社会资本的估计系数为负，并且不再显著，可能的解释是：随着市场化进程以及开放程度的加深，社会资本的作用有可能减弱。[①] 正式制度的系数估计值仍旧在1%水平上显著为正。与第（1）列相比，模型的 R^2 变为0.965，与第6列相比 R^2 仅仅提高了0.9%，所以与第6列相比，这两个控制变量在固定效应的贡献仅仅提高了13.84%（0.009/0.065）。

表7-8　社会资本、正式制度与区域经济增长

	(1)	(2)	(3)	(4)	(5)	(6)	(7)
lnK	0.862***	0.657***	0.713***	0.663***	0.779***	0.736***	0.666***
	(20.00)	(30.45)	(21.15)	(17.99)	(19.25)	(18.32)	(18.07)
lnL	0.290***	0.451***	0.336***	0.328***	0.328***	0.288***	0.326***
	(8.04)	(4.73)	(11.55)	(10.55)	(9.90)	(8.95)	(10.51)
lnH	0.148**	0.249***	0.207***	0.111**	0.171***	-0.055	0.107**
	(2.56)	(9.94)	(4.72)	(2.20)	(3.24)	(-1.04)	(2.12)
tragdp			0.353***	0.224***			0.254***
			(11.12)	(5.57)			(5.54)
fisgdp			-1.326***	-1.457***			-1.492***
			(-7.08)	(-6.23)			(-6.35)
market				0.058***		0.109***	0.059***
				(4.99)		(9.78)	(5.08)

① 张爽等（2007）研究市场化转型过程中，社会资本作为一种非市场力量，随着市场化程度的提高，社会资本减少贫困的作用总体上来说会减少。

续表

	(1)	(2)	(3)	(4)	(5)	(6)	(7)
sc					0.239***	0.070**	-0.042
					(8.53)	(2.34)	(-1.35)
_cons	-1.854***	-1.337**	-1.049***	-0.761***	-1.554***	-1.209***	-0.776***
	(-12.97)	(-2.31)	(-7.25)	(-4.71)	(-11.51)	(-8.83)	(-4.80)
个体效应	No	Yes	No	No	No	No	No
时间效应	No	No	No	No	No	No	No
N	360	360	360	300	360	300	300
adj - R^2	0.931	0.996	0.961	0.965	0.942	0.956	0.965

注：(1) ***、**、* 分别表示在1%、5%、10%的显著性水平下显著。(2) 括号中基于 White 异方差稳健性标准误计算而得到的 t 值。(3) 被解释变量均为各地区 1978 年为基期的 GDP。

（表7-9中）第（8）列为纳入了正式制度和社会资本交互项的估计结果。结果显示，正式制度的估计系数在1%水平上显著为正，社会资本的估计系数在10%水平上显著为负，正式制度和社会资本的交互项为正，并且在1%水平上显著。这说明，整体看来，尽管社会资本对经济增长有着显著的负影响，但正式制度和社会资本的联合效应对经济增长有着较强的影响，社会资本作为独立背景的因素，其对区域经济增长的负面影响有限，正式制度是影响区域经济增长的主导因素。第（9）列为加入了中、西部地区虚拟变量的估计结果，两个虚拟变量的系数显著为负，意味着在控制了物质资本、劳动力以及人力资本等基本因素后，与东部地区相比，中、西部地区经济增长有着明显的差异。第（10）列纳入正式制度及中西部地区虚拟变量，正式制度估计系数在1%水平上显著为正，中、西部地区虚拟变量仍旧显著。第（11）列纳入社会资本因素，社会资本变量系数估计值在5%水平上显著为正，说明在控制了地区虚拟变量和正式制度的前提下，社会资本对经济增长有着积极的影响。

表7-9　社会资本、正式制度与区域经济增长（续）

	(8)	(9)	(10)	(11)	(12)	(13)
lnK	0.738***	0.635***	0.613***	0.603***	0.627***	0.608***
	(18.57)	(18.57)	(16.64)	(16.30)	(19.00)	(16.58)
lnL	0.291***	0.418***	0.385***	0.394***	0.407***	0.387***
	(9.12)	(15.17)	(12.65)	(12.88)	(15.23)	(12.72)
lnH	-0.031	0.278***	0.127**	0.142***	0.259***	0.135***
	(-0.59)	(6.48)	(2.49)	(2.77)	(6.21)	(2.64)

续表

	(8)	(9)	(10)	(11)	(12)	(13)
market	0.096***		0.067***	0.061***		0.057***
	(8.04)		(5.93)	(5.23)		(4.93)
sc	-0.126*			0.055**	0.175***	0.117***
	(-1.66)			(2.08)	(5.46)	(3.36)
marsc	0.030***					
	(2.80)					
west		-0.496***	-0.368***	-0.358***	-0.444***	-0.361***
		(-17.24)	(-9.91)	(-9.64)	(-14.73)	(-9.72)
central		-0.309***	-0.167***	-0.153***	-0.273***	-0.164***
		(-11.58)	(-4.76)	(-4.28)	(-8.41)	(-4.25)
c_ sc					-0.285***	-0.184**
					(-3.36)	(-2.17)
w_ sc					-0.147***	-0.126**
					(-2.65)	(-2.24)
_ cons	-1.214***	-1.053***	-0.895***	-0.878***	-0.936***	-0.842***
	(-8.97)	(-9.08)	(-7.19)	(-7.08)	(-8.20)	(-6.78)
N	300	360	300	300	360	300
adj - R^2	0.957	0.963	0.967	0.968	0.966	0.969

注：(1) ***、**、* 分别表示在1%、5%、10%的显著性水平下显著。(2) 括号中基于White异方差稳健性标准误计算而得到的t值。(3) 被解释变量均为各地区1978年为基期的GDP。

第（12）列纳入了中部地区虚拟变量与社会资本的交乘项（c_ sc）和西部地区与社会资本的交乘项（w_ sc），结果显示，两个交乘项的估计系数均在1%水平上显著为负，说明地区间社会资本的不同对区域经济增长有着显著的影响，负号意味着与东部地区相比，中西部地区社会资本对经济增长的影响更弱。第（13）列进一步纳入正式制度，结果仍旧显著。仔细比较第（12）和（13）列中两个交乘项的系数，我们发现，中部地区与社会资本的交乘项系数要小于西部地区与社会资本的交乘项系数，意味着社会资本对区域经济增长的作用，在东部地区最强，西部地区次之，中部地区最弱。①

① 事实上，我们分地区检验的结果显示，社会资本在中部地区的作用甚至可能为负。

三、稳健性检验

总体上，我国属于社会资本存量较低而制度存量较高的国家。但是在不同的地区，制度水平差别显著。多数研究认为，我国东部地区制度变迁程度较大，制度水平较强，中部地区次之，西部地区制度水平最弱（杨宇等，2010）。为了进一步检验前面的结论，我们分别对东部子样本、中部子样本和西部子样本的样本数据进行实证分析，得到如下结果（表7－10，表7－11，表7－12）。①

表7－10　社会资本、正式制度与区域经济增长（东部地区）

	(1)	(2)	(3)	(4)	(5)	(6)	(7)
lnK	0.792***	0.759***	0.766***	0.784***	0.795***	0.803***	0.786***
	(13.04)	(16.67)	(14.46)	(18.86)	(14.39)	(19.28)	(18.77)
lnL	0.315***	0.282**	0.364***	0.260***	0.266***	0.210***	0.253***
	(6.07)	(2.16)	(7.71)	(6.71)	(5.54)	(5.81)	(6.33)
lnH	0.121	0.228***	0.028	−0.224***	0.035	−0.231***	−0.229***
	(1.59)	(4.74)	(0.40)	(−3.97)	(0.49)	(−4.13)	(−4.01)
Tragdp			0.257***	0.096***			0.080*
			(6.59)	(2.91)			(1.90)
Fisgdp			0.795	0.623			0.642
			(1.40)	(1.30)			(1.33)
market				0.115***		0.121***	0.114***
				(10.48)		(11.46)	(10.39)
Sc					0.194***	0.062**	0.023
					(5.25)	(2.18)	(0.65)
_cons	−1.223***	−0.901	−1.488***	−1.143***	−0.781***	−0.827***	−1.102***
	(−6.23)	(−1.14)	(−6.26)	(−6.22)	(−3.95)	(−5.93)	(−5.65)
个体效应	No	Yes	No	No	No	No	No
时间效应	No	No	No	No	No	No	No
N	132	132	132	110	132	110	110
adj－R^2	0.948	0.994	0.961	0.983	0.957	0.982	0.983

注：(1) ***、**、*分别表示在1%、5%、10%的显著性水平下显著。(2) 括号中基于White异方差稳健性标准误计算而得到的t值。(3) 被解释变量均为各地区1978年为基期的GDP。

表7－10对东部地区的检验结果进一步验证了社会资本对区域经济增长的作

① 我们对分地区的回归结果不再详细解释，仅把结果呈现出来，并重点关注和阐释社会资本及正式制度的作用。

用，整体上看，估计结果再一次验证了我们期望的结论。第（1）列基本模型的 R^2 为0.948，同样意味着有不可观测的个体因素。第（2）列纳入个体效应虚拟变量，模型的 R^2 提高为0.994。第（3）列纳入了控制变量，模型的 R^2 变为0.961，与基本模型相比，提高了0.013。第（4）列给出了在控制了其它变量的前提下，正式制度系数估计值在1%水平上显著，与第3列相比，R^2 提高了0.022，说明正式制度在一定程度上可以解释固定效应对被解释变量的影响。第（5）列仅考察社会资本与基本变量的作用，社会资本系数估计值在1%水平上显著。模型的拟合优度 R^2 为0.957，与第（1）列相比，提高了0.001，意味着在我国东部地区同样有部分个体效应可以归因为社会资本因素。第（6）列同时纳入正式制度和社会资本因素，社会资本系数估计值变小，但仍旧在5%水平上显著为正，正式制度系数估计值在1%水平上显著为正。第（7）列同时纳入社会资本、正式制度和控制变量，正式制度估计系数在1%水平上显著，社会资本估计系数为正，但不显著。

表7-11　社会资本、正式制度与区域经济增长（中部地区）

	(1)	(2)	(3)	(4)	(5)	(6)	(7)
	lnGDP78	lnGDP78	lnGDP78	lnGDP78	lnGDP78	lnGDP78	lnGDP78
lnK	0.676***	0.584***	0.682***	0.691***	0.679***	0.697***	0.713***
	(18.75)	(20.89)	(17.17)	(16.93)	(19.14)	(18.02)	(17.42)
lnL	0.269***	0.322	0.256***	0.120**	0.268***	0.139***	0.098**
	(9.40)	(1.46)	(7.44)	(2.62)	(9.54)	(3.67)	(2.16)
lnH	0.145***	0.267***	0.155***	-0.138*	0.150***	-0.138**	-0.146**
	(3.29)	(7.93)	(3.11)	(-1.92)	(3.44)	(-2.00)	(-2.08)
tragdp			-0.015	-0.003			0.113
			(-0.05)	(-0.01)			(0.34)
fisgdp			-0.352	-0.571			-0.895
			(-0.66)	(-1.04)			(-1.61)
market				0.111***		0.105***	0.113***
				(5.69)		(5.75)	(5.93)
sc					-0.092**	-0.077*	-0.095**
					(-2.12)	(-1.94)	(-2.30)
_cons	-0.283*	-0.107	-0.191	0.697**	-0.336**	0.440**	0.718**
	(-1.70)	(-0.06)	(-0.86)	(2.23)	(-2.02)	(2.10)	(2.36)
个体效应	No	Yes	No	No	No	No	No
时间效应	No	No	No	No	No	No	No
N	108	108	108	90	108	90	90

续表

	(1)	(2)	(3)	(4)	(5)	(6)	(7)
adj - R^2	0.963	0.991	0.963	0.968	0.965	0.969	0.970

注：(1) ***、**、*分别表示在1%、5%、10%的显著性水平下显著。(2) 括号中基于White异方差稳健性标准误计算而得到的t值。(3) 被解释变量均为各地区1978年为基期的GDP。

表7-11为中部地区检验结果。第（1）列基本模型的 R^2 为0.9622，意味着有有部分不可观测的个体因素没有被考虑进来。第（2）列纳入个体效应虚拟变量，模型的 R^2 提高为0.991。第（3）列纳入了控制变量，模型的 R^2 变为0.9617，与基本模型相比，R^2 有所降低，很显然政府对经济活动的参与以及对外开放因素对中部地区而言并不是很好的控制变量。第（4）列给出了在控制了其它变量的前提下，正式制度系数估计值在1%水平上显著，与第3列相比，R^2 提高了0.005，说明正式制度在一定程度上可以解释固定效应对被解释变量的影响，但非常微弱。第（5）列仅考察社会资本与基本变量的作用，社会资本系数估计值在5%水平上显著为负。这也基本上验证了上文的检验结果，即社会资本在中部地区的作用最弱，甚至为负。第（6）列同时纳入正式制度和社会资本因素，社会资本系数估计值变小，但仍旧在10%水平上显著为正，正式制度系数估计值在1%水平上显著为正。第（7）列同时纳入社会资本、正式制度和控制变量，正式制度估计系数在1%水平上显著，社会资本估计系数为显著为负。整体上看，我们认为，中部地区6个省份在政府实施“中部崛起”战略以来，经济增长主要依靠物质资本、劳动力和人力资本推动，社会资本因素在中部省份的经济增长实践中并没有发挥太大的作用，甚至发挥了负的作用。可能的解释在于社会资本的某个因素，例如社会网络因素的消极因素过大，以至于超过了其它因素的积极因素。①

表7-12　社会资本、正式制度与区域经济增长（西部地区）

	(1)	(2)	(3)	(4)	(5)	(6)	(7)
	lnGDP78	lnGDP78	lnGDP78	lnGDP78	lnGDP78	lnGDP78	lnGDP78
lnK	0.375 ***	0.737 ***	0.240 ***	0.268 ***	0.358 ***	0.373 ***	0.262 ***
	(6.15)	(25.13)	(4.03)	(4.81)	(5.84)	(5.51)	(4.65)
lnL	0.612 ***	0.267	0.737 ***	0.783 ***	0.626 ***	0.684 ***	0.794 ***
	(13.23)	(1.21)	(14.42)	(17.07)	(13.40)	(13.40)	(16.66)

① 关于这点，后面的分因素考察一定程度上给予的解释，但仍旧需要更为深入的研究。

续表

	(1)	(2)	(3)	(4)	(5)	(6)	(7)
lnH	0.603 ***	0.148 ***	0.673 ***	0.869 ***	0.628 ***	0.774 ***	0.881 ***
	(7.73)	(4.07)	(9.71)	(12.31)	(7.96)	(8.45)	(12.19)
tragdp			2.155 ***	2.491 ***			2.468 ***
			(6.18)	(7.82)			(7.71)
fisgdp			0.483 *	-0.273			-0.186
			(1.82)	(-0.94)			(-0.61)
	lnGDP78	lnGDP78	lnGDP78	lnGDP78	lnGDP78	lnGDP78	lnGDP78
market				-0.108 ***		-0.080 ***	-0.110 ***
				(-5.38)		(-3.13)	(-5.43)
sc					0.078	0.092 *	0.034
					(1.63)	(1.91)	(0.84)
_ cons	-1.643 ***	-1.013	-2.052 ***	-2.236 ***	-1.653 ***	-2.028 ***	-2.290 ***
	(-9.85)	(-0.52)	(-9.89)	(-10.33)	(-9.97)	(-9.54)	(-10.11)
个体效应	No	Yes	No	No	No	No	No
时间效应	No	No	No	No	No	No	No
N	120	120	120	100	120	100	100
adj - R^2	0.954	0.998	0.966	0.975	0.955	0.959	0.976

注：(1) ***、**、* 分别表示在1%、5%、10%的显著性水平下显著。(2) 括号中基于 White 异方差稳健性标准误计算而得到的 t 值。(3) 被解释变量均为各地区 1978 年为基期的 GDP。

表7-12 呈现了西部地区的回归结果。第（1）列基本模型的 R^2 为0.954，意味着有部分不可观测的个体因素没有被考虑进来。第（2）列纳入个体效应虚拟变量，模型的 R^2 提高为0.998，意味着个体因素能够部分解释西部地区的经济增长。第（3）列纳入了控制变量，模型的 R^2 变为0.966，与基本模型相比，提高了0.012。第（4）列给出了在控制了其它变量的前提下，正式制度系数估计值在1%水平上显著为负，意味着西部地区正式制度较弱，在控制了其它变量的前提下，正式制度对经济增长的作用显著为负。① 第（5）列仅纳入社会资本因素，其系数估计值为正，但不显著。第（6）列纳入了正式制度，这时社会资本系数估计值在10%水平上显著为正，正式制度系数估计值在1%水平上显著为负。第（7）列进一步其他控制变量，社会资本系数为正，但不显著。

① 杨宇、沈坤荣（2010）的研究也发现，控制了资本、劳动及技术等其他因素后，在制度水平更高的东部地区，制度对经济增长的促进作用也最强，在制度水平较低的中西部的地区，制度对经济增长的促进作用较弱，甚至观察不到制度的作用。

四、社会资本各因素的影响

信任和社会网络是社会资本的最为重要的两个方面，以下我们不再使用社会资本综合指标，而是选取信任和社会网络的主要指标分析社会资本对经济增长的影响。我们用相对劳动争议受理率代表信任水平（X1），用每万就业人口中社团数（X2）、每万就业人口中社会组织数（X3）、固定和移动电话长途通话时长（X4）代表各地区社会网络水平。

表 7－13　社会资本各因素对经济增长的影响

	(1)	(2)	(3)	(4)	(5)	(6)
	模型 1	模型 2	模型 3	模型 4	模型 5	模型 6
lnK	0.879 ***	0.826 ***	0.820 ***	0.868 ***	0.827 ***	0.827 ***
	(0.06)	(0.06)	(0.04)	(0.06)	(0.06)	(0.06)
lnL	0.711 **	0.435	0.288 **	0.749 **	0.437	0.471
	(0.32)	(0.34)	(0.12)	(0.35)	(0.36)	(0.36)
lnH	0.122	0.0890	0.240 ***	0.0830	0.0880	0.0870
	(0.08)	(0.09)	(0.04)	(0.09)	(0.09)	(0.09)
Market	-0.00400	-0.00500	0.029 ***	-0.0280	-0.00500	0.00700
	(0.02)	(0.02)	(0.01)	(0.04)	(0.02)	(0.04)
X1	0.021 *	0.031 **	-0.044 ***		0.0320	0.032 **
	(0.01)	(0.01)	(0.02)		(0.07)	(0.01)
X2	0.078 **	0.032 ***		0.0290	0.032 ***	0.0410
	(0.03)	(0.01)		(0.03)	(0.01)	(0.03)
X3	-0.0590					
	(0.04)					
X4	-0.0004 ***					
	(0.00)					
Market * X1			0.010 ***		-0.0001	
			(0.00)		(0.01)	
Market * X2				0.00100		-0.00200
				(0.00)		(0.00)
cons	-3.954	-1.332	-0.589	-3.817	-1.350	-1.682
	(2.50)	(2.58)	(0.97)	(2.72)	(2.75)	(2.77)
N	120	120	300	120	120	120
Adj - R^2	0.940	0.928	0.976	0.923	0.927	0.927

注：***、**、*分别表示在1%、5%、10%的显著性水平下显著。

表7-13中模型1共同纳入了四个因素，结果显示，每万人就业人口社团数（X2）的系数不显著、固定和移动电话长途通话时长（X4）两个指标的系数尽管显著，但非常小，仅为-0.0004。我们把这两个指标剔除对模型修正，修正后的模型2解释力有所增强，但效果仍旧不太理想，尽管相对劳动争议受理率和每万人就业人口中社会组织数两个变量的系数显著，但是劳动力、人力资本以及正式制度三个变量的系数不再显著。模型3继续剔除了X2变量，只考察信任、正式制度对经济增长的影响，结果正如我们预期，X2变量的系数显著为负，说明劳动争议受理率越低经济增长水平越高，即信任水平越高经济增长水平越高。正式制度（market）变量的系数在1%的显著性水平上显著，正式制度和信任的联合效应同样在1%的显著性水平上显著。模型4考察社会网络对经济增长的影响，结果显示，社会网络（X2）的系数为正但不显著，社会网络与正式制度的联合效应为正但同样不显著。尽管不显著，但我们得到了与大多数研究一致的结论，即社会网络对经济增长有积极的影响，也有消极的影响，积极的影响起主要作用。模型5和模型6同时纳入了信任（相对劳动争议受理率）和社会网络因素，并且分别纳入了信任、社会网络和正式制度的交互项。模型5的估计结果显示，信任（相对劳动争议受理率）的系数为正但不显著，社会网络的系数为正且在1%的显著性水平上显著，信任（相对劳动争议受理率）与正式制度的联合效应系数为负。模型6的估计结果显示，信任（相对劳动争议受理率）的系数为正并且显著，社会网络的系数为正但不显著，社会网络和正式制度的联合效应系数为负。

第四节 基于CGSS截面数据的检验

一、描述性统计

我们使用中国综合社会调查CGSS（2003）数据测算的区域社会资本检验其对区域社会资本的影响，其它变量的数据来源均同上。表7-14给出了各变量的简单描述性统计。

表7-14 简单的描述性统计

变量	含义	观测值	平均值	标准差	最小值	最大值
lngdp	GDP的对数	30	8.120	0.890	5.970	9.670
lnK	物质资本对数	30	7.330	0.760	5.580	8.500

续表

变量	含义	观测值	平均值	标准差	最小值	最大值
lnL	劳动力的对数	30	7.530	0.830	5.650	8.730
lnH	人力资本的对数	30	1.540	0.360	1.010	2.500
trust	信任	28	25.07	7.810	9.200	44.50
network	社会网络（综合得分）	30	0	0.370	-0.820	0.660
market	正式制度	30	5.660	1.760	2.600	9.350
fisgdp	政府支出占 GDP 比例	30	0.150	0.0500	0.0800	0.310
tragdp	贸易总额占 GDP 比例	30	0.320	0.410	0.0600	1.480
Urban	城市化率	30	0.380	0.140	0	0.790

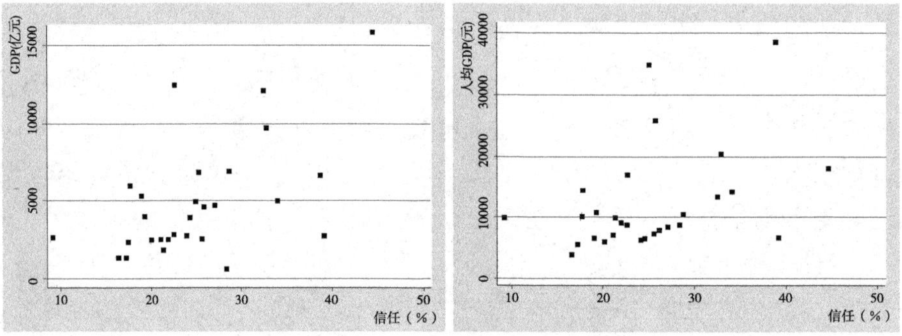

图 7-1　信任与经济绩效之间的关系

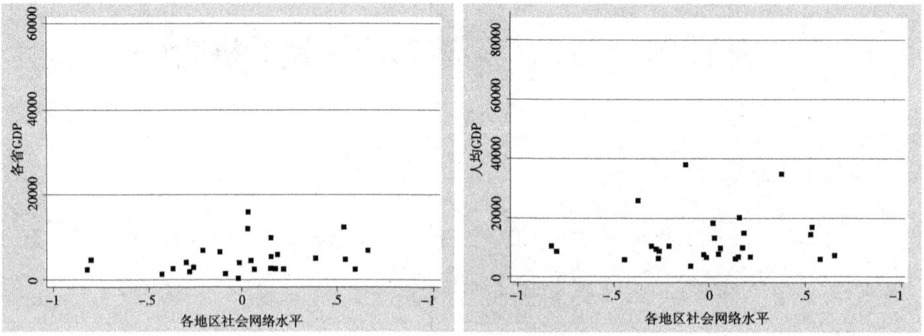

图 7-2　社会网络与经济绩效的关系

根据理论研究结论，经济增长会随着信任水平的提升而提升，那么对于中国区域经济增长是否适用呢？社会网络对经济增长有两方面的影响，有积极的一面，也有消极的一面，那么在中国哪一方面占据主导地位呢？图 7-1 和图 7-2 的结果表明，信任和社会网络都可能与 GDP 以及人均 GDP 之间有着较强的相关性。我们通过对（7－3）式进行回归分析，以期得到进一步的解答。

二、实证结果及解释

表7－15给出了回归分析结果。根据模型1，物质资本和劳动力两个因素对经济增长的影响显著为正，回归系数分别为0.863和0.296，并且都在1%的显著性水平上显著，人力资本回归系数为0.118，但不显著。说明对中国区域经济增长来说，物质资本和劳动力因素是最主要的两个因素，其中物质资本占主导地位。模型2和模型3旨在检验社会资本的两个维度信任和社会网络因素对区域经济的影响。模型2纳入了信任（Trust）因素对经济增长的影响，回归系数为0.015，并且在5%的显著性水平上显著，说明如果暂不考虑其他经济因素，各地区信任水平每增加一个单位，就会使地区GDP平均提高1.5%，从而验证了我们上文的理论分析，即信任对经济增长有正向影响。模型3纳入各地区社会网络水平（network），旨在考察社会网络对区域经济增长的影响，回归系数为0.165，但不显著。说明整体看，社会网络对经济增长可能有积极和消极两个方面的影响，但是积极效应起主要作用。

地区经济增长除了受物质资本、劳动力以及社会资本因素外，还受其它经济因素的影响，并且在考虑了其它经济因素后，社会资本对经济增长的影响可能发生变化。模型4考虑了正式制度因素对区域经济增长的影响，根据回归结果，正式制度的系数为0.115，并且在5%的显著性水平上显著。纳入正式制度因素后，信任和社会网络的系数仍旧为正，有所降低并且不再显著。说明在决定地区经济增长的因素中，正式制度是起主导作用的因素，社会资本因素在一定程度上对正式制度起到替代的作用。

表7－15 中国各地区经济增长影响因素回归结果

	(1) 模型1	(2) 模型2	(3) 模型3	(4) 模型4	(5) 模型5
lnK	0.863***	0.744***	0.749***	0.609***	0.627***
	(0.14)	(0.13)	(0.13)	(0.13)	(0.13)
lnL	0.296**	0.282**	0.245*	0.300**	0.281*
	(0.12)	(0.11)	(0.13)	(0.12)	(0.14)
lnH	0.118	0.160	0.145	0.00100	－0.0890
	(0.21)	(0.18)	(0.20)	(0.19)	(0.18)
trust	0.015**	0.015**	0.00400	－0.00200	
	(0.01)	(0.01)	(0.01)	(0.01)	

续表

	(1) 模型 1	(2) 模型 2	(3) 模型 3	(4) 模型 4	(5) 模型 5
network		0.165	0.0290	0.0390	
		(0.12)	(0.12)	(0.12)	
market			0.115 **	0.0680	
			(0.05)	(0.05)	
tragdp				0.0690 *	
				(0.08)	
urban				0.344 *	
				(0.06)	
fisgdp				-1.923	
				(1.33)	
cons	-0.612	-0.0510	0.214	0.681	1.351
	(0.48)	(0.53)	(0.79)	(0.73)	(1.05)
N	30	28	27	27	24
Adj - R^2	0.930	0.921	0.903	0.922	0.945
F	129.287	79.47	49.59	52.52	45.29

注：***、**、* 分别表示在1%、5%、10%的显著性水平下显著。

模型5纳入了政府对经济的干预程度（fiscalgdp）、对外开放程度（tradegdp）以及城市化（urban）因素。根据回归结果，信任的系数变为负数，可能的解释在于信任随着市场化以及对外开放等因素在降低，因此对经济增长的影响力变小，甚至为负。社会网络的系数为正，仍旧不显著。对外开放因素的系数为正，说明地区开放程度越大，越有利于经济增长；地区开放程度越小，越不利于经济增长。这一点与大多数的研究一致，即改革后对外开放大大提高了各地区的生产力，使得各地区能够充分利用国外资金、技术来发展该区域的经济。城市化的系数为正，说明城市化水平的提升能够带来经济的快速增长。地方政府对经济的干预系数为负，说明地方政府对经济的干预程度越强，区域经济增长越慢；对经济的干预程度越弱，区域经济增长越快。

第八章　社会资本与贸易：实证检验

贸易是社会资本影响区域经济增长的另外一个重要渠道。国际贸易理论依次经历了传统贸易理论、新贸易理论和新－新贸易理论三个阶段。传统贸易理论的核心思想在于用技术的绝对或相对差异以及要素禀赋来解释国际贸易的发生以及对贸易国双方福利的影响。在克鲁格曼等学者的推动下，新贸易理论突破了传统贸易理论规模经济不变和完全竞争的假定，自20世纪70年代末成为国际贸易理论中的热门话题①（杨小凯、张永生，2001）。进入21世纪，国际贸易理论分析单位微观化导致了新－新贸易理论的诞生。该理论以异质企业贸易模型（Heterogeneous Firms Trade Models）和企业内生边界模型（Endogenous Boundary Model of the Firm）为代表，突破了传统贸易理论和新贸易理论中企业同质性假定，将异质性纳入对企业的微观分析框架中，成为当前国际贸易理论研究的新热点。

事实上，贸易从本质上而言是一种微观主体的经济行为，它嵌入在一种复杂的、动态的经济社会关系当中，经济主体之间的相互关系会导致贸易行为的发生，而欺诈会导致贸易行为的终止（蒙英华，2008）。但由于新古典经济学把经济主体看做是相互独立的单位，从而忽略了经济主体的社会关系对市场结构的影响，而这种现象的解释必须要结合经济主体在网络中的位置、功能以及资源约束等因素进行分析，这些因素便是社会资本的重要内容。

社会资本能够对贸易造成影响，贸易是区域经济发展的重要因素。我们有理由相信这种机制在中国区域协调发展过程中也起着一定的作用。但相关理论和实证研究都显得相对薄弱，因此需要我们进行更好地研究。本章将从社会资本视角，集中研究信任对贸易的影响，我们不仅分析其对国际贸易的影响，还分析其对国内贸易的影响。

第一节　信任、正式制度与中国对外贸易发展

改革开放以来，中国对外贸易发展十分迅猛。截止到2015年底，中国对外

① 克鲁格曼1981年在《政治经济学》杂志上发表了《产业内专业化和得自贸易的利益》，1983年在《美国经济评论》发表了《工业国家间贸易的新理论》等一系列论文，阐述其贸易理论，有力地推动了新贸易理论的发展。

贸易进出口总量达到了3.96万亿美元，其中出口额达到了2.27万亿美元，排名世界第一，继续保持第一贸易大国地位。[①] 但是，我们应该清醒意识到，中国在国际贸易中仍处于相对劣势的地位，是贸易大国而非贸易强国。因此，在这样的背景下，研究影响中国与其它国家贸易总额增长的因素，探索提升我国对外贸易水平显得十分必要。

本章主要从制度视角研究其对中国对外贸易流量的影响，当前，国内外研究的视角主要集中于正式制度，但非正式制度特别是信任对贸易的发展也起到重要作用。因此，本文在已有文献的基础上，把非正式制度（信任）纳入分析框架，探讨中国对外贸易发展以及省际层面的贸易发展情况。结构安排如下：第一部分为文献回顾；第二部分为理论机制及假设；第三部分为计量模型与数据来源；第四部分为计量结果、解释及主要结论；第五部分为省际信任与国内贸易的讨论。

制度在经济发展中的作用已被众多文献证实。把制度因素引入国际贸易领域进行研究，是近年来部分学者的尝试（Cheptea，2007），越来越多的经验分析也证明，制度质量和贸易是一种相互促进的关系。Dollar & Kraap（2003）的研究认为，较好制度的国家贸易量更大，经济增长速度也更快；Wilson（2003）分析了贸易促进措施对贸易流量的影响。De Groot et al.（2004）、Berkowitz et al.（2006）发现，正式制度质量较高的国家贸易量越高。Anderson & Marcouiler（2002）认为不充分的正式制度与关税一样会限制贸易的发展。近期的文献集中于研究制度质量是否会决定一个国家的比较优势。相关研究主要沿两个思路分析制度对比较优势的影响，第一个思路把制度差异视为一国比较优势的第三大影响因素（Levchenko，2007；Nunn，2007）；第二个思路认为制度才是决定一个国家比较优势的根本因素，因为制度会影响劳动分工和技术，进而影响行业间的相对劳动生产率，并最终对一国的比较优势造成影响（Vogel，2007；Acemoglu et al.，2007）。[②]

制度分为正式制度和非正式制度（North，1990；Hall & Jones，1999；Acemoglu et al.，2001）。以往文献较多关注国家司法体系、地区市场环境、所有制形式、经济环境等正式制度，而缺乏对信任、文化、风俗习惯等非正式制度的研究。非正式制度特别是信任，逐渐得到学者们的认可，并被认为是经济增长（Knack & Keefer，1997；Zak & Knack，2001）以及国际贸易的重要影响因素（Grief，1994；Boettke et al.，2008）。

---

① 与结题材料不同，此处数据进行了更新。

② 此处参考了王永进等（2010）的归纳。

信任和正式制度被认为是两种不同的降低交易成本的渠道，并且在一定程度上可以相互替代（Tabellini，2008）。Anderson & Young（2006）的研究认为，各国司法体系的不同给处理国际贸易纠纷带来了一定的困难，非正式渠道，例如信任，会对国际贸易的发展起到重要作用。McCallum（1995）和 Helliwell（1998）的研究认为贸易主体距离、国家大小、壁垒、语言相似性、贸易政策等因素会影响贸易量。而这些文化制度的差异被认为会产生信任问题，从而增加贸易不同阶段的成本进而减少贸易量。Butter & Mosch（2003）采用25个国家1996年的信任调查数据和贸易流量进行实证分析，结论显示：正式信任、非正式信任均对双边贸易量有显著的影响，并且这种影响是稳健的。Guiso et al.（2009）的研究认为，欧洲不同国家间的信任水平的差异对国际贸易会产生重要的影响。Eaton & Kortum（2002）、Chan（2007）的研究也验证了信任与贸易和开放的关系。其它的研究则分析信任和国际贸易的间接关系，例如，Rauch（2001）的研究发现，同种族商业网络（以高信任水平为特征）能够降低信息成本进而交易更多的差异化产品。

从国内已有研究来看，大多数研究都集中于分析制度对于贸易发展的重要作用。刘青峰等（2002）研究认为，决定中国双边贸易的主要因素是贸易双方的GDP、人均 GDP、空间距离和制度安排等。魏浩（2010）从国际层面考察制度因素对 31 个发展中国家对外贸易的影响，结论认为发展中国家与贸易伙伴国之间的制度差距会增加贸易成本，不利于双边贸易往来。潘镇（2006）建立了一个包含制度变量的扩展引力模型，并以 153 个国家和地区作为样本进行检验，结果发现，制度质量越差，双边贸易越不活跃，制度距离对于双边贸易起阻碍作用。国内鲜有文献探讨信任在国际贸易中的作用，王永进、盛丹（2010）利用 1997 年63 个国家 222 个行业的数据，实证考察社会信任对比较优势的影响，结论显示：社会信任度高的国家在契约密集产品上拥有比较优势，在控制人力资本、物质资本、经济发展水平和金融发展等变量后，上述结论仍旧成立。

可见，目前国内外学者已经从制度角度对贸易理论进行了深入分析，但是却忽略了非正式制度（信任）的重要作用，把信任和正式制度共同纳入一个框架的研究更为数不多。鉴于此，本文采用政府效率、规制质量、法制指标、腐败控制等因素作为正式制度变量，采用信任作为非正式制度变量，在控制了其他经济因素的基础上，重点考察正式制度和非正式制度对中国对外贸易流量的影响。

一、理论机制与假设

一般认为，信任通过降低交易成本并最终对国际贸易造成影响。由于贸易双方签订的是不完全契约，交易双方就存在着欺骗对方的可能，为了阻止这种行为，交易双方就会动用资源去监督合同的执行，而由此带来的交易成本通常会使潜在的交易者退缩（Anderson, 1999），信任可以起到降低这些交易成本的作用并最终对国际贸易造成影响。

（一）信任、交易成本与国际贸易

交易成本是新制度经济学中的一个重要概念，由诺贝尔经济学奖得主科斯（Coase, 1937）提出。他在《企业的性质》中指出交易成本是“通过价格机制组织生产的，最明显的成本就是所有发现相对价格的成本；市场上发生的每一笔交易的谈判和签约的费用及利用价格机制存在的其他方面的成本”。在贸易过程中，可以把交易成本定义为在追求贸易利益（所得）过程中出现的摩擦成本，主要包括交通距离、贸易障碍、关税等等传统的交易成本，还包括搜寻成本、搜集产品质量的成本、控制成本、法律成本以及国际支付的成本。根据 Frank 和 Butter（2003）的研究，一个完整的贸易交易过程中大体有三个阶段：联系阶段（Contact）、签订合同阶段（Contract）、合同执行阶段（Control），三个阶段均会产生交易成本。

在联系阶段，买者搜寻自己喜欢的产品、潜在的卖者等信息。卖者也试图通过市场活动为他的产品找到买家。由于这些信息的获得都不是免费的，便产生了交易成本。显然这种信息的搜寻在国际贸易活动中更为困难。因为，各国有着不同的语言、不同的交流方式、信息发布方式以及不同的商业文化，要想获取完整的贸易伙伴的信息，必然会产生较高的交易成本。在签订合同阶段，潜在的交易双方倾向于开始交易，在谈判合同的过程中就会产生交易成本。交易双方必须决定如何签订一个对于双方都合理的合同。任何一方都不可能奢望签订一个试图解决所有争端的合同，因为这会造成过高的成本。在贸易过程中，签订贸易合同是一件相对复杂的事情，因为为了避免今后的诉讼和纠纷，交易双方必须对对方国家（地区）的法律制度、文化习惯有所了解。这时候同样会产生交易成本。

控制（control）阶段包括合同的监督和强制执行，合同的监督和执行都包含着高的交易成本。监督意味着，交易的一方监督另一方是否在按照当初合同的约定去做。如果一旦发现对方违约，那么就可能进入强制执行或者诉讼程序，这一般要动用法律的手段。在贸易过程中，诉讼是一个相对复杂的过程。这不仅需要时间和金钱，关键在于结果往往是不确定的，因为每个国家（地区）都倾向于做出对本国（地区）企业更有利的判决。一旦最终进入诉讼阶段，企业的交易成本会变得非常高。

国际贸易的三个阶段，信任都起到非常重要的作用，能够降低交易成本。在联系阶段，信任对于寻找可靠的商业机会、潜在商业伙伴是非常重要的。在签订合同阶段，信任直接决定着双方如何签订该合同。在合同执行阶段，信任也是决定在多大程度上监督和强制执行合同的主导因素。

（二）信任与正式制度

一般认为，高信任的社会在实施协议时更少的依赖于正式制度，此时人们之间的相互信任、道德规范以及社会网络等社会资本因素在一定程度上可以起到正式制度的作用。Anderson & Young（2006）也认为，各国之间的合同实施是不同的，因此造成了从国家贸易获取利益的不确定性。尽管有些国际组织能够帮助处理类似的国际贸易纠纷，但是交易双方不能预见何时何地会发生经济纠纷，因此寻求法律帮助面临着非常大的不确定性。此时，非正式制度，例如信任，就会对国际贸易起到非常重要的作用。相反，如果正式制度运行良好，信任可能会不那么重要。

在高度信任的社会里，个人花费很少的资源就可以避免在经济交易中被人欺骗，也不需要过多担心被人利用，诉讼也不是太频繁。高信任社会中的人可以动用更少的资源来避免他们自己的财产被剥夺。高信任还可以鼓励创新，企业家如果在一个高信任的社会中，就不用把大量的资源浪费在监管一些由合作者、职工和供应商造成的不正当行为，而把更多的时间投入到新产品的创新过程中去。因此，高信任的社会国际贸易更会活跃。Welter ea al.（2003）的研究也认为，由于各国的信任水平是不同的，在稳定的制度环境下，例如德国，个人信任在商业关系中起次要作用，另外，如果制度质量较差，个人关系和信任会起到更加重要的作用。

以上分析提供了一个包含信任、制度和国际贸易在内的框架，鉴于此，我们提出如下理论假设：

假设1：中国与东道国的贸易总额与中国与东道国的制度距离负相关。

假设2：中国与东道国的贸易总额与东道国的信任水平正相关。

假设3：正式制度越完善的国家，信任对中国贸易总额的影响越小。

假设4：正式制度越不完善的国家，信任对中国贸易总额影响越大。

二、计量模型与数据来源

（一）计量模型

本部分试图说明的是信任以及东道国与中国的政治法律制度距离对中国贸易流量的影响，因此建立如下基本计量模型：

$$Trade_{it} = \beta_0 + \beta_1 X_{it} + \beta_2 institution_{it} + \varepsilon_{it} \qquad (8-1)$$

其中，$Trade_{it}$ 是中国与东道国 i 的贸易总额，X_{it} 是影响中国对东道国 i 贸易量的一些经济因素，包括中国对东道国的 FDI（investment）、东道国人均 GDP 的对数（ln_ gdpp）、东道国通货膨胀率（inflation）、东道国高科技出口占 GDP 之比

(high_ ratio)、东道国FDI净流入（inflow)、人民币对东道国货币的汇率（exch_ rate)。$institution_{it}$ 为中国与东道国之间的制度距离。

为进一步分析信任对中国国际贸易流量的影响，建立如下模型：

$$Trade_{it} = \beta_0 + \beta_1 X_{it} + \beta_2 institution_{it} + \beta_3 trust_{it} + \varepsilon_{it} \quad (8-2)$$

$trust_{it}$ 为东道国 i 的信任指数。为了说明东道国信任水平对中国与东道国的贸易总额的影响在市场经济发育程度不同国家之间的差别，我们还将分别对OECD和非OECD国家这两组国家进行回归。

另外，我们定义“异常贸易量”为中国与各东道国的实际贸易总额与其正常贸易总额之间的偏差。受东道国的信任水平影响的中国与东道国的贸易总额实际上就是这里的异常贸易量。要得到异常贸易总额的值，我们可以进行相应的估算。首先，我们对式（1）进行回归，得到 *Trade* 的拟合值，即“正常贸易总额”。如果我们分别用 *norm_ trade* 和 *extra_ trade* 来表示，那么根据 *norm_ trade* 的定义，我们有 $norm\_trade_{it} = \hat{\beta}_0 + X_{it}\hat{\beta}_1 + \hat{\beta}_2 institution_{it}$，异常进出口总额则可用残差来衡量，即：

$$extra\_trade_{it} = trade_{it} - norm\_trade_{it} \quad (8-3)$$

（二）数据来源于变量设计

本文的研究时间段为2003—2011年，研究样本65个国家，研究影响中国对外贸易流量的影响因素。以下重点介绍信任和制度指标的设计：

1. 信任及其度量

本文各国信任的数据来源于世界价值调查（WVS）数据库，该调查采取统一的多阶段，PPS（概率与规模成比例）的抽样方法抽取具有代表性的样本，使用同样一份问卷，利用入户面访的方式采集数据。所采集的有效数据可以基本上推论参与国的符合被调查资格的人口。截止目前，该调查已经在全世界范围内进行了五波调查：即1981—1982年间的第一波；1990—1991年的第二波；1995—1998年的第三波；1999—2002年的第四波，以及2005—2007的第五波。目前的第六波（2010—2014）正在实施中，计划包括至少50个国家。WVS关于信任的问题是：“总体说来，您认为大多数是可以信任的或者在与人交往时您认为应当十分谨慎吗?”答案是，A. 大多数人可以信任；B. 应当谨慎。按照Knack和Keefer（1997）的方法，本文利用所有受访者回答“大多数人是可以信任”的比例作为各国信任水平的指标。

2. 东道国制度度量指标

参考kaufmann et al.（2011）提出的全球政府治理指数（Worldwide Governance Indicator，WGI），我们用6个指标中来衡量东道国的政治法律制度，具体包括：

（1）政府效率（Government Effectiveness），反映政府公共服务部门的工作质量、效率以及独立性；（2）规制质量（Regulatory Quality）指标，反映政府对私有财产的保护程度以及制定积极政策措施促进私营经济发展的能力；（3）法制（Rule of Law）指标，反映一国法律法规的健全程度、公众和组织对法律法规的信心以及犯罪率；（4）腐败控制（Control of Corruption）指标，它反映政府控制腐败的能力；（5）政治民主（Voice and Accountability）指标，反映公民参政议政、言论自由的程度；（6）政治稳定（Political Stability and Absence of Violence/Terrorism）指标，反映政治的稳定程度，以及免于国内外暴力和恐怖主义威胁的可能性。

以上 6 个指标的取值范围为［-2.5-2.5］，数值越大说明一国的政治法律制度越完善。进一步我们使用 Kogut - Singh 距离指数（Kogut 和 Singh，1988）来度量东道国和中国政治法律制度差异，定义为 $institution$：

$$institution_j = \frac{1}{6}\sum_{i=1}^{6}\frac{(I_{ji} - I_{ci})^2}{\mathrm{var}_i} \tag{8-4}$$

其中，$institution_j$ 是第 j 个东道国与中国的制度距离，I_{ji} 是第 j 个东道国第 i 个政治法律制度指标的值，I_{ci} 是中国第 i 个政治法律制度指标的值，var_i 是第 i 个指标的方差。

表 8-1　变量的描述统计量

变量	变量描述	均值	中位数	标准差	最小值	最大值	观察值
investment	中国对东道国的 FDI（亿美元）	1.460	0.247	3.392	-0.621	18.92	166
ln_ gdpp	东道国人均 GDP 的对数（美元）	8.872	9.026	1.462	5.941	10.81	166
inflation	东道国通货膨胀率（%）	0.054	0.042	0.0470	-0.013	0.250	166
high_ ratio	东道国高科技出口占 GDP 之比（%）	0.145	0.113	0.138	0.002	0.609	166
inflow	东道国 FDI 净流入（亿美元）	169.1	70.77	265.6	-253.0	1383	166
exch_ rate	人民币对东道国货币汇率（%）	92.91	1.101	330.6	0.097	1515	166
trust	东道国信任指数（%）	28.85	25.60	15.41	2.800	68	166
institution	中国与东道国的制度距离	1.829	1.074	1.508	0.049	4.991	166
trade	中国对东道国货物贸易总额（亿美元）	0.037	0.015	0.057	0	0.229	166

表 8-1 给出了各变量的描述统计量。制度变量的数据来源于世界银行全球政府治理数据库。① 中国对各国的对外直接投资数据来源于《2011 年度中国对外

① 数据来源：http://info.worldbank.org/governance/wgi/sc_ chart.asp

直接投资统计公报》，控制变量的数据主要来源于世界银行 WDI 数据库，为非平衡面板数据，中国与各国的贸易总额数据来源于历年《中国统计年鉴》。

三、计量结果与解释

（一）总体样本国家回归

我们采用固定效应方法分析中国与各国贸易流量的影响因素进行实证，首先对所有国家进行回归，则模型（1）和（2）的回归结果见表 8－2。

表 8－2 对所有国家的回归结果

	(1)	(2)	(3)	(4)	(5)	(6)
investment	0.0004	－0.0002	－0.0008	0.0006	0.0009	0.0018 *
	(0.33)	(－0.42)	(－0.62)	(0.51)	(0.77)	(1.72)
ln_ gdpp	0.0153 ***	0.0226 ***	0.0145 ***	0.0198 ***	0.0112 ***	0.0186 ***
	(4.23)	(3.96)	(4.04)	(4.65)	(3.73)	(4.50)
high_ ratio	0.0745 ***	－0.2329 **	0.0699 **	0.0789 ***	0.0911 ***	0.1181 ***
	(2.97)	(－2.43)	(2.51)	(3.08)	(3.75)	(4.72)
inflation	－0.1298 *	0.0198	－0.2301 **	－0.1629 *	－0.0885	－0.1321 *
	(－1.74)	(0.97)	(－2.48)	(－1.92)	(－1.37)	(－1.77)
exch_ rate	0.0000 ***	0.0001	0.0000	0.0000 ***	0.0000	－0.0000
	(3.59)	(0.75)	(1.48)	(3.02)	(0.43)	(－1.38)
institution				－0.0075 **		－0.0187 ***
				(－2.00)		(－2.93)
trust					0.0009 **	0.0017 ***
					(2.43)	(3.41)
_ cons	－0.1008 ***	－0.1357 ***	－0.0788 **	－0.1264 ***	－0.0928 ***	－0.1493 ***
	(－3.31)	(－3.82)	(－2.26)	(－3.83)	(－3.32)	(－4.16)
个体效应	No	Yes	No	No	No	No
时间效应	No	No	Yes	No	No	No
N	126	126	126	126	126	126
adj－R^2	0.2201	0.9832	0.2261	0.2280	0.2428	0.3007

注：（1）被解释变量为中国与东道国的进出口总额（*trade*）；（2）括号中数字为基于 White 异方差稳健标准误计算得到的 t 统计量；（3）*、** 和 *** 分别表示在 10%、5% 和 1% 水平统计显著。

在表 8－2 第（1）列中，重点考察前期文献中提及的主要控制变量对中国与东道国间的贸易量（trade）的影响。可以看出，除了中国对东道国 FDI（investment）这个变量外，其他常规变量均统计显著。这说明这些常规变量对于中国与样本国家的贸易总额的变动有一定解释能力。但是我们注意到，这个模型调整后的 R^2 只有 0.220，这说明在本文的样本中，前期文献所强调的经济因素的解释力并不是很强。显然，东道国的正式制度（如政治、法律制度）以及非正式制度（如民间的信任程度）等不可观测的个体因素在很大程度上影响着中国与各东道国的贸易量。为了解决这个问题，我们在第（2）列中加入 64 个反映国家个体固定效应的虚拟变量。回归结果显示，大多数虚拟变量都是统计显著的，说明个体固定效应确实存在。特别需要注意的是，模型调整后的 R^2 的提高到了 0.983，这说明不随时间变化的个体固定因素（如正式的政治法律制度和非正式制度如信任水平等）可以解释大约 76.3% 的中国与东道国贸易量的变动。在第（3）列中，我们没有考虑个体固定效应，但加入了反映时间特征的 8 个年度虚拟变量。回归结果显示，这些虚拟变量均不显著。另外，我们使用拉格朗日乘子检验来检验时间固定效应是否存在。检验结果显示，p 值为 0.275，从而不能拒绝所有年度虚拟变量系数同时为 0 的原假设，所以时间固定效应不存在。我们还发现在考虑时间固定效应后，模型调整后的 R^2 只是从第（1）列的 0.220 微弱的提高至 0.226，这进一步说明时间固定效应是不显著的。所以，要更充分的解释中国贸易总额的变动，在回归时有必要加入个体固定效应，而无需加入时间固定效应。

从上面的分析可以知道，前期文献中所强调的经济因素并不能很好地解释中国与各国的贸易总额在不同国家之间的差异。第（2）和第（3）列结果表明，个体固定效应在很大程度上能够解释中国与各国贸易总额的截面差异。显然，时间固定效应不显著，也不是本文的研究对象。我们更关心的是个体固定效应，特别是，中国与不同东道国之间制度距离的差异以及不同东道国之间信任水平的差异这两个因素在个体效应中能占多大比重。也就是说，我们希望知道，在解释中国进出口总额的国别差异时，东道国与中国之间的政治法律制度距离和东道国的信任水平这两个因素的解释力度有多大。

在第（4）列中，加入反映东道国与中国政治制度差异的变量制度距离 institution。该变量的系数在 5% 的水平显著为负，说明在其他条件不变的情况下，中国与东道国之间政治制度差别越大，中国与该国的贸易总额越少。调整后的 R^2 为 0.228，比第（1）列提高了约 0.8%，意味着约有 1.0% 的个体效应可以用中国与东道国之间的政治法律制度距离来解释。这验证了假设 1，即中国与东道国的贸易总额与中国与东道国的制度距离负相关。

第（5）列引入反应东道国信任水平的变量 trust。这个变量的系数在 5% 的水平显著为正，这说明在其他条件不变的情况下，东道国的信任水平越高，则中国与该国的贸易总额越大。此时调整后的 R^2 为 0.243，比第（1）列提高了 2.3%，因此个体效应中有 3.0% 可以用东道国的信任水平来解释。这验证了假设 2，中国与东道国的贸易总额与东道国的信任水平正相关。

第（6）列同时引入制度距离和信任水平两个变量。两个变量的系数的符号与第（4）和第（5）列相同，并且显著性大大提高，t 检验的 p 值均小于 1%。从调整的 R^2 可以看出，这两个变量联合起来可以解释个体固定效应的 10.6%。可见，无论是正式的政治制度，还是非正式的制度（信任水平），都显著影响中国与东道国之间的贸易量。不考虑其他因素，中国与东道国之间较小的政治制度距离和东道国较高的信任水平，都会带来中国与东道国较高的贸易量。

（二）分组样本国家回归

以下分别对 OECD 国家和非 OECD 国家两组样本国家进行回归，以进一步验证东道国与中国政治制度距离和东道国信任水平两个因素对中国进出口总额的影响。分组回归可以看作对全样本回归得出结论的稳健性检验。回归结果见表 8－3 和表 8－4。分组回归的相关检验结果显示，与总体样本回归一样，存在个体固定效应，但不存在时间固定效应。但是 OECD 国家和非 OECD 国家的个体固定效应构成并不相同。

表 8－3　OECD 国家的回归结果

	(1)	(2)	(3)	(4)	(5)	(6)
investment	0.0039	−0.0009	0.0021	0.0007	0.0027	0.0014
	(0.72)	(−0.80)	(0.38)	(0.20)	(0.50)	(0.38)
ln_ gdpp	0.0322**	0.0242*	0.0245	0.1655***	0.0493**	0.1639***
	(2.38)	(1.98)	(1.61)	(6.78)	(2.48)	(6.86)
high_ ratio	0.1810	−0.2909**	0.2448*	0.0207	0.1878	0.0002
	(1.46)	(−2.24)	(1.96)	(0.24)	(1.56)	(0.00)
inflation	−0.2840	−0.0535	−0.5220	−0.6011*	−0.5157	−0.4400
	(−0.66)	(−0.46)	(−1.07)	(−1.98)	(−1.17)	(−1.49)
exch_ rate	0.0006***	0.0004	0.0004**	0.0004***	0.0005***	0.0004**
	(3.14)	(1.30)	(2.23)	(2.75)	(2.94)	(2.56)
institution				−0.0684***		−0.0747***
				(−6.52)		(−7.21)
trust					−0.0014	0.0012
					(−1.49)	(1.25)
_ cons	−0.2950**	−0.0516	−0.2002	−1.4025***	−0.4112**	−1.4101***

续表

	(1)	(2)	(3)	(4)	(5)	(6)
	(-2.16)	(-0.31)	(-1.32)	(-6.43)	(-2.31)	(-6.65)
个体效应	No	Yes	No	No	No	No
时间效应	No	No	Yes	No	No	No
N	60	60	60	60	60	60
Adj - R^2	0.2979	0.9872	0.3035	0.6396	0.3088	0.6461

从表8-3的结果可以看出，对于市场经济比较完善的OECD国家来说，反映东道国信任水平的变量trust不显著（第5列和第6列），但反映东道国与中国制度距离的变量institution在1%的水平统计显著，并且符号为负（第4列和第6列）。与第（1）列相比，第（4）列中调整的R^2大大提高，第（5）列调整的R^2则几乎没有提高。通过计算可以知道对于OECD国家来说，个体效应中有49.6%可以由东道国与中国的制度距离解释，而东道国的信任水平在个体效应中的比重可以忽略不计。这说明对于市场经济制度已经非常完善的OECD国家来说，东道国的政治制度的完善程度对中国与这些国家的贸易总额的大小有显著影响。东道国与中国政治法律制度距离越小，即与中国的政治制度越接近，则与中国之间的贸易总额越大。而东道国的信任水平则对中国的贸易总额无显著影响。这验证了假设3，即正式制度越完善的国家，信任对中国贸易总额的影响越小。

表8-4　非OECD国家的回归结果

	(1)	(2)	(3)	(4)	(5)	(6)
investment	0.0007 *	0.0002 **	0.0003	0.0005	0.0007 ***	0.0008 **
	(1.69)	(2.18)	(0.58)	(1.02)	(2.95)	(2.25)
ln_ gdpp	0.0041 **	0.0221 ***	0.0037 **	0.0041 **	0.0040 ***	0.0040 ***
	(2.48)	(3.22)	(2.29)	(2.53)	(3.74)	(3.72)
high_ ratio	0.0271 ***	0.0110	0.0248 ***	0.0259 ***	0.0497 ***	0.0506 ***
	(4.61)	(0.21)	(3.62)	(4.63)	(8.42)	(7.88)
inflation	-0.0287	0.0126	-0.0589 *	-0.0292	-0.0260	-0.0257
	(-1.26)	(0.86)	(-1.70)	(-1.24)	(-1.33)	(-1.32)
exch_ rate	0.0000 ***	-0.0000 ***	0.0000 **	0.0000 ***	-0.0000	-0.0000
	(3.96)	(-5.01)	(2.35)	(3.90)	(-1.65)	(-1.65)
institution				0.0013		-0.0009
				(0.43)		(-0.43)
trust					0.0009 ***	0.0009 ***

续表

	(1)	(2)	(3)	(4)	(5)	(6)
					(5.37)	(5.24)
_cons	-0.0170	-0.1887**	-0.0034	-0.0182	-0.0374***	-0.0367***
	(-1.31)	(-2.06)	(-0.21)	(-1.50)	(-5.61)	(-5.80)
个体效应	No	Yes	No	No	No	No
时间效应	No	No	Yes	No	No	No
N	66	66	66	66	66	66
Adj - R^2	0.2838	0.8941	0.3025	0.2733	0.6389	0.6335

从表8-4的结果可以看出，对于市场经济制度不太完善的非OECD国家来说，反映东道国与中国间制度距离的变量institution不显著，但反映东道国信任水平的变量trust则在1%的水平统计显著。并且，通过计算第（1）列和第（5）列中调整的R^2，可以知道对于非OECD国家来说，东道国的信任水平可以解释个体固定效应的58.2%，而东道国的制度因素则对个体效应没有贡献。对于市场经济不太完善的非OECD国家来说，东道国的信任水平对中国的进出口总额有显著的正向影响，而东道国正式的政治法律制度则不会对中国的进出口总额产生显著影响。这验证了假设4，即正式制度越不完善的国家，信任对中国贸易总额影响越大。

根据上面的分析，东道国的信任水平高低对中国与各国贸易总额存在正向影响，特别是非OECD国家。这一点可以在图8-1和图8-2中得到直观的表现。

图8-1和图8-2中的纵轴是式（3）中定义的异常贸易总额*extra_ trade*，横轴为信任变量。*extra_ trade*可以视为无法用通常的变量（即式（1）中的X向量和制度变量institution）解释的部分。若模型（2）和（3）的设定是正确的，则*extra_ trade*中包含了东道国的信任水平对中国贸易总额的影响。图8-1中的*extra_ trade*是对所有样本国家进行回归后得到的，而图8-2中的*extra_ trade*则是对非OECD进行回归后得到。图8-1和图8-2中散点图及其拟合曲线的斜率实际上反映了东道国的信任指数对中国与该国的贸易总额的条件边际影响。图1和图2反映了中国异常贸易总额与东道国信任水平的显著相关关系，也就是说，除了东道国人均实际GDP、东道国通货膨胀率、中国从东道国的货物进口额等经济因素外以及东道国与中国的政治制度距离这些因素外，东道国的信任水平对于中国的贸易总额的区域差异有显著影响。另外，从图8-1和图8-2中的两条拟合线的斜率可以看出，东道国的信任水平对中国进出口总额的这种影响，非OECD国家表现的更加明显。

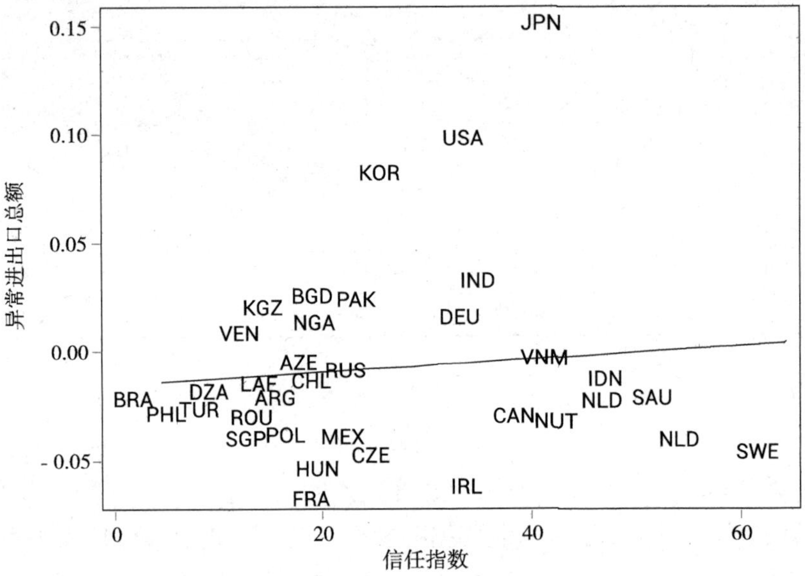

图 8－1　全样本国家信任与异常贸易总额的散点图

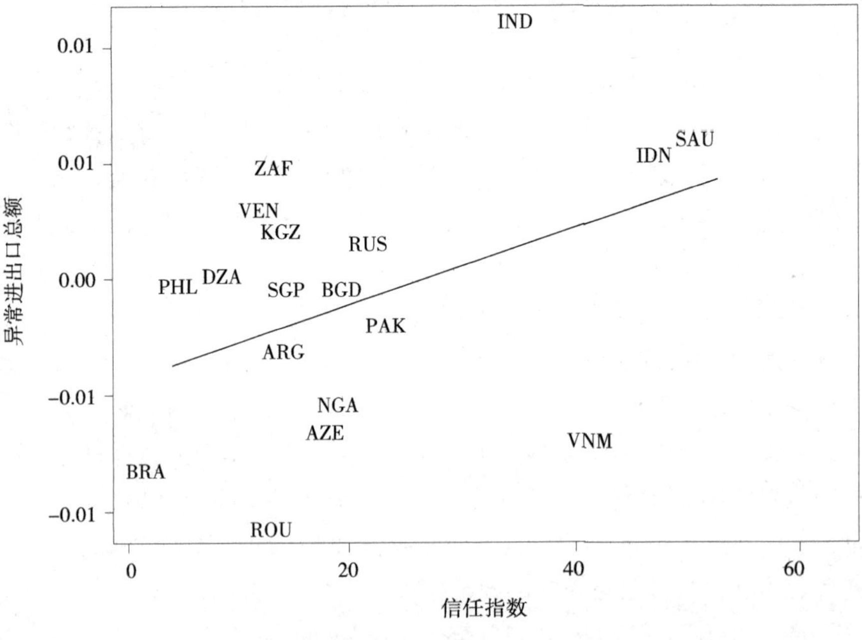

图 8－2　非 OECD 国家信任指数与异常贸易总额的散点图

（三）主要结论

本文利用2003—2011年中国与65个国家的贸易流量数据，考察了中国对外贸易流量的影响因素。我们得出如下主要结论：（1）东道国的信任水平对中国的贸易流量有显著正向影响。东道国信任水平越高，中国与该国的贸易总额越大；（2）中国与东道国的制度差距会增加交易成本，不利于双边贸易往来。东道国与中国的制度距离越小，即东道国与中国的政治制度越接近，则中国与该国的贸易总额越大；（3）对OECD国家，东道国的正式制度对中国的贸易流量影响更大，信任的作用不显著；（4）对非OECD国家，东道国的正式制度对中国的贸易流量影响不显著，信任的作用更为显著。

不论是作为非正式制度的组成部分，还是作为影响正式制度有效实施的重要因素，信任对中国国际贸易发展的影响是不容忽视的。对中国对外贸易发展而言，本部分的结论有一定的启示：第一，中国与其它贸易伙伴的制度差距会增加贸易成本，制度距离越大，交易成本越大，制度距离越小，交易成本越小。对中国而言，要想大力发展对外贸易，就要对本国的各种制度进行改革和完善，缩小与贸易伙伴的制度差距，在WTO的法律法规下，完善国内各种制度改革（魏浩，2010）。第二，政府应当保证足够稳定的产权制度，有了稳定的产权制度，人们之间相互欺骗的成本会非常高，这一定程度上能够提升社会信任的水平。[①] 第三，要充分发挥消费者协会和行业协会等中介组织的作用。中介组织的完善能够方便信息的传递，同时还能有助于双边和多边惩罚机制的建立和维护。在加强中介组织建设的同时，还应建立良好的市场机制，减少政府干预，为中介组织发挥作用创造一个良好的社会制度环境，促进信任的形成（王永进，2010）。

第二节　省际信任与国内贸易发展

近年来，学者们开始关注制度对国际贸易的影响，认为不同层面的制度对贸易流量和贸易模式有着非常重要的影响。然而只重视正式制度因素的研究并不足以对贸易流量和贸易模式形成完整细致的理论分析，非正式制度因素，特别是信任，是相关研究所必须考虑的。不管是作为非正式制度的组成部分，还是作为正式制度有效运行的影响因素，社会信任对经济绩效和经济结构等的影响已被大量经验研究所证实。宏观层面，信任对一个国家的经济增长甚至经济效率的提升有

---

① 具体分析参见张维迎等（2002）的研究。

重要作用；微观层面，信任可以提高企业竞争力，进而改进企业绩效。[①] 但是目前很少有文献对信任在国内贸易中的作用进行分析，严谨的实证更是不多见。贸易对区域发展的重要作用已经被众多文献所证实，但把信任、国内贸易与区域协调发展纳入一个框架的研究并不多见，本部分主要从如下视角论述：信任能够对国内贸易产生影响，而国内贸易对区域协调发展具有重要作用。我们在综述国内外相关研究的基础上，基于省际信任数据检验其对国内贸易发展的影响。

接下来试图要说明的是：国内各省份之间的信任水平对于国内贸易同样有着重要的影响。通过利用省际层面的信任数据，实证检验省际信任对国内贸易的影响。

一、描述性分析

本部分的省际层面的信任数据来自于前文提及的张维迎、柯荣住（2002）的研究。我们重点关注第一信任的数值，贸易的相关数据均来自于《中国统计年鉴》。

表 8-5　不同信任度与省际国际贸易指标的相关性分析

	第一信任	第二信任	第三信任	第四信任	第五信任	加权信任
人均 GDP	0.90	0.90	0.77	0.63	0.59	0.89
贸易量	0.63	0.60	0.70	0.71	0.66	0.68
出口	0.54	0.53	0.67	0.70	0.66	0.60
进口	0.72	0.66	0.72	0.70	0.65	0.74
FDI	0.50	0.55	0.70	0.74	0.69	0.60
外资企业数	0.52	0.52	0.66	0.70	0.67	0.59

我们首先考察信任和人均 GDP 的关系。人均 GDP 和第一信任的相关系数高达 0.896，和其它信任的相关系数也都比较高，与加权信任的相关系数为 0.894。按照张维迎、柯荣住（2002）的解释，越是被信任的地区，分工和交易越发达，地区优势越能得到发挥，因而经济增长越快。经济增长的加快会带动国内贸易的增加，我们有理由相信信任也会对国内贸易造成影响。

继续考察信任和国际贸易的关系。第一信任和总贸易额的相关系数为 0.63，但有趣的是，第三信任、第四信任与总贸易额的相关系数要高于第一信任。可能的解释是，在进行国际贸易时，跟国内人相比，外国人要向获得充分关于国内企

① 具体文献可以参考：Putnam（1993）；Fukuyama（1997）；Knack and Keefer（1997）；Barney and Hansen（1994）；Sako and Helper（1998）.

业信任的信息是比较困难的。被国内人认为是值得信任的人未必被外国人认可，原因在于信息不对称造成的交易成本过高阻碍了外国人获取充分信息的可能。不过可以肯定的是，贸易额大的地区被认为是守信的比例也比较高（图 8－3）。进一步分析信任与省际出口额和进口额的关系发现，信任与出口额和进口额均有着较高的相关系数，但信任与进口的系数要大于信任与出口的系数。第一信任与出口额的相关系数为 0.54，与进口额的相关系数为 0.71。

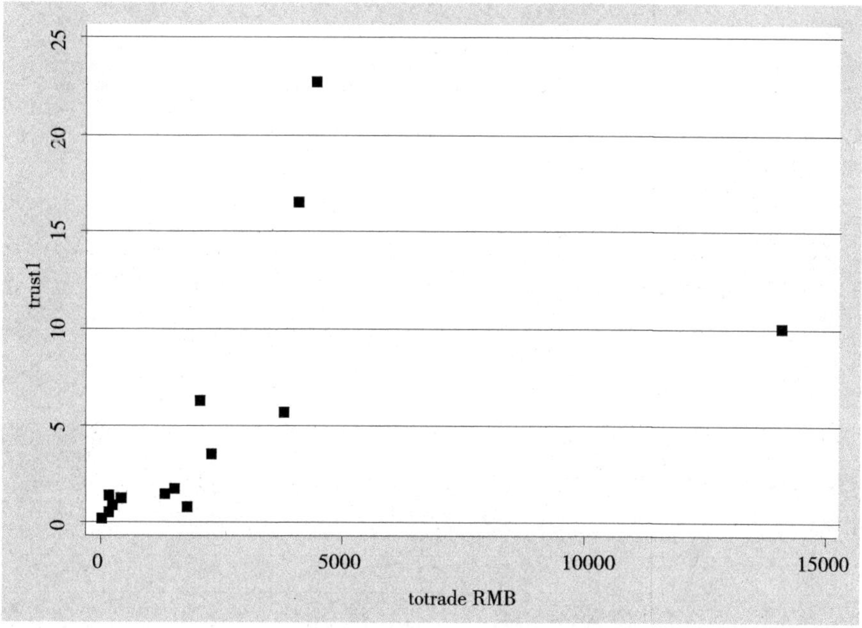

图 8－3　信任和省际贸易额

同时我们还考察了信任与外商直接投资（FDI）和各地区外资企业数的关系，发现第一信任与两者的相关系数分别为 0.50 和 0.51，加权信任和两者的相关系数分别为 0.60 和 0.59。这充分说明，外资企业作为追求利润最大化的组织，在选择投资的时候，除了考虑该地区的经济发展水平、政府的政策、地理位置等因素，信任水平也是一个影响其最终选择的重要因素，外商只会垂青于信任度高的地区。

省际层面的信任可能更多的会对国内贸易造成影响。因此，本文选取各地区限额以上批发零售贸易商品购销总额和各地区社会消费品零售总额进行分析。根据（表 8－6），第一信任和限额以上批发零售贸易业商品购销总额均有着很高的相关性，相关系数分别高达 0.78 和 0.78，加权信任与两个指标的相关系数均高达 0.88。其它信任（第二信任、第三信任…..）也都与两个指标呈现出非常高的水平。这充分说明了，在国内，人们进行贸易时，会首先考虑选择来自信任水平较高的地区作为选择贸易伙伴。

表 8－6　不同信任度与国内贸易相关指标的相关性分析

	第一信任	第二信任	第三信任	第四信任	第五信任	加权信任
限额以上批发零售贸易业商品购进总额	0.77	0.84	0.93	0.91	0.89	0.88
限额以上批发零售贸易业商品销售总额	0.78	0.84	0.94	0.91	0.88	0.88
社会消费品零售总额	0.48	0.55	0.74	0.81	0.82	0.61

二、模型与数据

以下实证检验信任对国内贸易的影响，选择的是省级信任水平及国内贸易数据。建立如下基本的计量模型：

$$\Delta Intertrade_i = \alpha_0 + \alpha_1 rjgdp_{0i} + \alpha_2 Trust_i + X_i + \varepsilon_i \qquad (8-5)$$

α_0 为常数项，α_i 为待估参数向量，X_i 为其它控制变量，ε_i 为误差项。其中被解释变量为 $\Delta Intertrade_i$ ，为各省份 2000—2009 年社会消费品零售总额平均增长率，数据来源为《中国统计年鉴》（2001—2010）。$rjgdp_{0i}$ 为各省份初始年份的人均 GDP 水平。

核心解释变量是 $Trust_i$ ，为各省份的信任水平，本文的省际层面的信任数据来自于张维迎、柯荣住（2002）的研究。我们选用第一信任作为省际信任指标。

控制变量的选择：市场化程度（ *mark* ），数据来自樊纲和王小鲁的《中国市场化指数——各地区市场化相对进程报告》。地理位置因素，用东部地区哑变量（ *east* ）来控制地理因素对区域经济差异的影响；对外开放因素，用各省份进出口总额占 GDP 的比例（ *trade* ）作为度量对外开放的指标，以控制对外开放因素的影响；城市化，用各省份城镇人口占总人口的比例（ *urba* ）来度量城市化水平。

三、计量结果

对上述模型进行回归分析，根据回归结果（表 8－7），基本可以确认信任对国内贸易的作用。信任对国内贸易呈现出正向的影响，即使引入控制变量，这一影响仍然为正。方程（1）为仅考虑信任对国内贸易的影响，信任前面的系数为 0.0025，并且在 10% 的水平上显著。国内贸易的增长还受其它因素影响，以下我们逐次引入控制变量，进一步考察信任在国内贸易增长过程中的作用。方程

（2）、（3）、（4）、（5）给出了引入市场化、东部地区变量、城市化、对外贸易控制变量后的结果。根据回归结果，信任的系数仍旧为正，并且均显著。另外，我们还发现，随着城市化水平的提高、对外贸易的发展，信任对国内贸易的影响不断增强。

表 8－7　信任与国内贸易的回归结果

因变量	2000—2009 年各省份社会商品零售额平均增长率				
模型	1	2	3	4	5
常数	0.1689 * (0.0073)	0.1636 * (0.0158)	0.1719 * (0.0219)	0.1590 * (0.0253)	0.1525 * (0.0283)
$Trust_i$	0.0025 *** (0.0014)	0.0025 *** (0.0015)	0.0026 *** (0.0015)	0.0031 ** (0.0016)	0.0035 ** (0.0018)
mark		0.0012 (0.0029)	－0.0003 (0.0040)	0.0003 (0.0040)	0.0011 (0.0044)
east			0.0075 (0.0135)	0.0071 (0.0135)	0.0844 (0.0139)
urba				0.0565 (0.0560)	0.0721 (0.0635)
trade					－0.0115 (0.021)
调整后 R^2	0.0738	0.0476	0.0216	0.025	0.2013
F 统计量	2.27	1.48	1.16	1.13	0.97

注：（1）括号中数值为标准差；（2）***、**、*分别表示在 1%、5% 和 10% 水平上显著。

以上发现的实际含义是：在给定了初始发展水平的前提下，在我国，信任对国内贸易的发展有着显著的正向影响，即信任程度高的地方，国内贸易更为活跃；引入控制变量后，信任仍旧对国内贸易产生显著的正向影响；信任对国内贸易的影响，随着城市化、对外贸易而不断增强。

四、主要结论

由于受信任数据的限制，本部分仅以中国为例实证考察了信任对国内贸易的影响，但这种探索是有益的，相关研究仍需进一步深入。本部分的主要结论是：信任能够降低交易成本，进而带来国内贸易的增加。在我国，信任对国内贸易的发展有着显著的正向影响；引入控制变量后，信任仍旧对国内贸易产生显著的正向影响。

第九章　社会资本视角下我国区域协调发展战略的构建

随着政府出台了一系列重大区域发展战略，到2006年，我国形成了推进西部大开发、振兴东部地区等老工业基地、促进中部地区崛起、鼓励东部地区率先发展的区域发展总体战略。区域政策已经成为宏观调控和经济调节的重要手段，促进区域协调发展在国家全局工作中居于突出位置。党的十八大将区域协调发展机制基本形成，并作为全面建设小康社会的重要目标。新的发展阶段，我国区域协调发展面临着新的挑战。区域协调发展要想取得更大的进展，我们必须认真总结成功经验和做法，多方面完善区域协调发展战略。本章将主要从社会资本的视角，探讨如何构建我国区域协调发展战略。

第一节　区域协调发展战略的主要内容

一、为什么要协调发展？

20世纪90年代以来，我国区域经济发展差距问题日益突出，新世纪后，这种现象并没有得到有效的遏制，区域发展还面临着一些矛盾和问题：区域间经济社会发展差距仍然过大，而且继续扩大的总体趋势没有改变；区域间低水平竞争严重，无序开发状况比较突出，全国生产力布局总体上还不尽合理；区域间基本利益关系尚未理顺；促进区域协调发展的管理体制不够健全、法律制度不够完善等等。这些矛盾和问题说明，我国区域发展不协调的状况还没有发生实质性改变。[①] 这些矛盾和问题也决定了我们必须要实施区域协调发展。

从国际经验来看，当一个国家的人均GDP进入3000~5000美元之间，有可能进入“中等收入陷阱”，也有可能迎来黄金发展时期。对中国而言，我们已经进入了这个区间，处理好经济社会发展中的问题，我们就能够顺利走出“中等收入陷阱”。而区域发展差距的扩大对整个国民经济的持续健康发展会造成极大威胁，只有区域间协调发展，各个区域板块间形成良性互动，才能保证我国经济继续快速发展。

---

① 范恒山．区域协调发展：面临的挑战和应对的思路［N］．人民日报：2008－6．

对中国而言，区域协调发展不单单是一个经济问题，区域发展不均衡还会带来诸如收入分配不均、公共基础设施建设与社会保障水平差异等一系列社会问题，这些问题解决不好，容易使公众产生不满情绪。在中国政府主导的社会主义市场经济体制中，政府对区域协调发展负有比西方国家政府更大的责任。与此同时，区域不均衡发展还涉及到社会稳定、边疆巩固等政治问题。

促进区域协调发展是实现“中国梦”的重要命题。深入贯彻落实党的十八大精神，开启实现“中国梦”的新征程，必须着力统筹区域协调发展，区域非均衡的发展会带了种种严重后果，现在实际上到了“先富带动后富”的关键时刻。

因此，党的十八大报告明确提出，继续实施区域发展总体战略，充分发挥各地区比较优势，优先推进西部大开发，全面振兴东北地区等老工业基地，大力促进中部地区崛起，积极支持东部地区率先发展。这是中央立足发展中国特色社会主义全局作出的重大战略部署，也是党对于区域协调发展理论与实践的总结和深化。基于以上几点考虑，我国必须实施区域协调发展战略。

二、区域协调发展的基本经验

范恒山（2014）[①] 将我国区域协调发展的基本经验总结为以下几点：第一，坚持分类指导，从实际出发制定区域政策；第二，坚持上下联动，注重发挥中央和地方两个积极性；第三，坚持攻坚克难，把握促进区域协调发展的方向和重点；第四，坚持改革创新，探索促进区域协调发展新路径；第五，坚持远近结合，着力构建长效机制。

结合以上几点经验，我们认为，未来区域协调发展战略的制定，如果纳入社会资本因素，区域协调发展战略将可能发挥更为显著的效果。我国的基本国情决定了必须实施分类指导，有利于提高区域政策的针对性和有效性，有利于充分发挥各地区的比较优势，有利于形成合理分工基础上的有序发展，促进区域发展一体化。各地区社会资本存量有着很大的差别，今后制定区域政策时更应该坚持分类指导的原则，在把握国家整体战略方向的基础上，各地区从实际出发，充分考虑区域社会资本存量差异，设定不同发展目标，提出不同任务要求，采取不同政策措施。中央政府还要发挥统筹、调控、引导的作用，这种作用应以增强地方发展的积极性为目的。要想更好地发挥地方的积极性，政府应充分考虑各地区社会资本的差异，在制定区域政策时，不能把国家战略意图强行注入地方发展思路之

---

① 范恒山．我国促进区域协调发展的基本经验［N］．人民日报：2014－4－1.

中，而应充分考虑该地区的信任水平、规范、社会网络、文化、风俗、习惯等因素，这样才能使得国家的区域协调发展战略更好地发挥作用。

三、区域协调发展的主要内容

区域协调发展的内容包含很多方面，应该主要包括区域经济总量的协调、产业结构的协调、经济布局的协调和经济关系的协调等方面。[①]

区域经济总量的协调指在考虑各个地区所处位置、拥有的人口和目前的发展水平的前提下，实现各区域在发展规模上的协调，包含区域发展的规模协调和区域经济的水平协调。区域产业结构的协调主要考虑该地区的发展是否合理地利用区域的自然资源、是否突出了产业特色、区域产业是否提供与区域发展水平相吻合的产品和服务、区域产业发展是否使当地的生态环境得到了保护。

区域经济布局的协调是区域协调发展的中心环节和核心任务，包括中心城市与周边区域的发展协调、主要基础设施建设在区域间的协调以及区域的产业功能分布的协调等。

区域经济关系协调的目的是各地区之间基于市场经济导向的经济技术合作能够实现全方位、多领域和新水平的目标，形成各区域、各民族之间全面团结和互助合作的新型区域经济关系。这些关系主要包括竞争关系和合作关系。竞争关系有利于区域间企业增加研发投资，提升创新水平，从而促进产业升级。合作关系有利于实现区域分工协作，提高专业化水平。各地区区位条件、资源条件和现有的发展基础不一样，有不同的产业发展定位，要引导生产要素向回报更高的区域流动，加快培育新的增长极，实现整个区域资源配置效率的最大化。

第二节　为什么要纳入社会资本

从历史上看，正式制度设立以前，人们之间的关系主要是靠非正式制度来维持，即使在现代社会，正式制度也只占整个制度的很少一部分，人们生活的大部分空间仍然由非正式制度来约束（李培林，1995）。一个地区选择什么样的制度安排以及制度安排能否顺利推行都与该地区人们的观念、传统等非正式制度因素有着密不可分的关系（叶国平，2007）。正式制度只有与非正式制度相容的情况下，才能发挥作用，否则由于风俗习惯、意识观念等原因而导致的人们的抵制情

---

① 范恒山等．中国区域协调发展研究［M］．北京：商务印书馆，2012 年．

绪会使正式制度丧失效能①。非正式制度的差异是导致制度实施差异进而影响区域经济发展差异的重要因素，并在某种意义上说是导致区域经济发展差距的一个深层次的影响因素。

在以往探讨影响区域协调发展的问题时，大都沿着以下两个思路：第一个思路是基于区域经济不平衡增长理论，研究区域经济发展不平衡产生的原因及调控机制，这些理论主要包括增长极理论、循环累积因果原理、中心——外围模型等，这些理论强调了促进区域经济增长的非对称力量，由此带来的政策主张是政策调控的逆市场机制，特别是对于发展中国家而言，中央政府的产业政策和平衡政策是重要的手段；第二个思路是基于新古典增长理论，探讨区域经济增长的趋同性。两种研究思路都有其优势和劣势，前者所提出的逆市场政策可能会导致较大的发展机会成本，也会导致新的区域利益矛盾，事实上，我国改革后推行的倾向于沿海地区的倾向性的政策是这一思路的反映。后者虽然强调市场机制，但是其分析过于侧重理论研究，难以进行相应的政策设计。理论研究成果的丰硕似乎并不能对解决现实区域发展不平衡问题有任何帮助。②

中国地域广阔，各个地区有着不同的资源禀赋条件，区域协调发展问题错综复杂，简单的经济模型并不能够给出完全清晰合理的解释。现有的经济模型大都排除了社会因素，社会学家对此并不满意，社会资本概念的出现为社会学家提供了非常好的解释工具。前文已提及，Putnam（1993）将社会资本理论用于解释意大利区域经济差异问题，并成为后续研究的典范。许多中国学者指出，西部地区人们缺乏市场经济意识，观念落后陈旧，导致长期所有制结构单一，经济发展缓慢。从其它后续的研究以及前文的论述，我们可以得出一个判断：社会资本因素是影响我国区域协调发展的一个重要因素，我国在制定区域协调发展战略时，必须纳入社会资本因素。

第三节　社会资本视角下促进我国区域协调发展战略的政策建议

通过本研究以上分析，我们逐渐明确：即在探寻地区经济差异的根源时，应该明确社会资本的重要作用。政府在制定区域协调发展战略时，除了重视和不断加大对落后地区的物质资本、人力资本投入外，还应努力培育区域性的社会资本，进而促进区域协调发展。因此，政府应从以下几个方面做出努力：

① 卢现祥．西方新制度经济学［M］．北京：中国发展出版社，1996．

② 此处论述参考了彭文慧（2013）的归纳，具体参见：彭文慧．社会资本与区域经济增长——基于空间计量经济学的研究［M］．北京：社会科学文献出版社，2013．

一、努力提升区域信任水平

信任是市场经济得以运转的基石，但是良好的信任并非仅仅只是一种文化遗产，它和社会制度以及技术发展水平有关（张维迎等，2002）。落后地区经济上的发展，需要高水平的社会信任作为自己内在的支撑，这种社会信任水平的提高基础是制度。传统中国的社会信任是以道德等内在制度为基础的“内在制度型”社会信任，具有深厚的人文意蕴与高度人性化的优长，是一种程度较高的社会信任。但同时它又是一种较为脆弱的社会信任，这种脆弱性源于内在制度的脆弱性，内在制度的脆弱性只有在外在的制度有效保障的条件下才能加以克服（董才生，2004）。改革后，中国经济实现了持续多年的经济高速增长，但中国的市场经济并非直接生长于自发的资本发育与资本竞争，而是源自再分配经济体制，市场转型过程中形成的极富成功的“双轨制”以及“二元改革渠道”构成了中国区别于所有西方发达国家市场经济的重要特色。那么，能够与中国特色的市场经济秩序相配合的主导信任关系应当仍是社会本位的制度信任模式。因此，目前中国社会的信任危机说到底是制度信任模式的缺失，而不是其他。[①] 那么如何建立制度信任的模式，以此来提升区域信任水平呢？全社会特别是落后地区要加快建设社会信用体系，构筑诚实守信的经济社会环境。信用是市场经济的“基石”，加快建设社会信用体系，是完善社会主义市场经济体制的基础性工程，既有利于发挥市场在资源配置中的决定性作用、规范市场秩序、降低交易成本、增强经济社会活动的可预期性和效率，也是推动政府职能转变、简政放权、更好做到“放”“管”结合的必要条件。抑制欺骗行为，对鼓励创业就业，刺激消费、保障和改善民生，促进社会文明进步也非常重要。具体说来，我们认为需要从以下几个方面做出努力：

第一，政府要以身作则，全面推进政务诚信，带头推进政务公开，依法公开在行政管理中掌握的信用信息，提高决策透明度，以政务诚信示范引领全社会诚信建设，同时带动商务诚信、社会诚信等在内的社会信用体系。第二，建立健全诚信法律法规体系，提高个人、企业的失信成本。把健全相关法律法规和标注体系作为重要基础性工作，列入立法规划尽快推进实施，使信用体系建设有法可依。具体可以通过制定全国统一的信用信息采集和分类管理标准，推动地方、行业信用信息系统建设以及互联互通，构建信息共享机制，在保护涉及公共安全、商业秘密、个人隐私等信用信息的基础上，依法使各类社会主体的信用状况透

---

① 周怡．信任模式的社会建构［N］．光明日报：2013－8．

明，从而增加其失信成本，让失信行为无处藏身。建立健全企业与机构的信用评价机制，建立企业失信及违约的“黑名单”，支持信用信息平台等基础设施建设，增强企业间的信任与承诺。第三，加强质量监管、诚信监督、知识产权、社会公平竞争等方面制度建设，提高区域内企业的信任度。第四，充分发挥行业组织自律和市场机制作用，培养和规范信用服务市场，形成全社会共同参与、推进信用体系建设的合理。

二、积极构建区域间社会组织网络

积极构建东部地区与中西部地区间的社会沟通网络，同时鼓励落后地区的社会组织网络建设。根据社会资本理论，关系密切、互动频繁的关系网络能够加强人们相互关系、相互信任、合作、资源共享等。社会网络有利于网络内知识的外部溢出效应增强，有利于隐形知识的传递与扩散、改变人与人之间的关系、人与组织之间的关系、组织与组织之间的关系。社会组织网络对区域经济发展的价值主要体现在产业集群的发展和区域创新体系的构建上，而两者是提高区域竞争力的核心与关键。在某一特定的区域内，企业内部、企业之间、企业与相关产业之间，以及企业与企业外相关实体、群体之间的社会联系等社会关系网络越发达，就越能加快产业集聚的速度、降低产业集群内企业以及相关机构间的交易成本各种风险。与此同时，网络化的关系能够有效形成企业间的互惠、互动与合作，促进区域技术创新与技术扩散。①

从世界范围看，发达国际的社会组织特别是非政府社会组织发育程度较高，而发展中国家的社会组织发育程度较低，在经济社会中所起的作用也存在较大的差别。我国特别是落后地区发展中的一个突出问题是各种社会组织网络发育相对滞后。尽管社会组织不具备完整的政府职能，但它可以发挥政府不能发挥的作用。商会、行业协会等民间社会组织网络在区域经济发展中发挥着协调管理、组织服务的功能，它们可以通过建立行业规范来约束企业的行为。企业通过参与社会组织网络，可以认识更多的合作者，扩展非正式的社会网络，这些丰富的社会网络，能够给企业带来更多的信息、减少企业交易成本，最终有利于企业的快速成长。对于落后地区而言，社会组织的发育不仅有利于延伸政府的职能，还有利于维护落后地区居民的正当权利。

因此，政府首先应该大力鼓励和发展壮大社会组织，充分发挥社团和行业协会在经济社会发展中的作用。积极发挥落后地区内部社会资本的积极功能，建立

---

① 此处参考了吴光芸等（2011）的论述。

互惠组织相互提供帮助，共同摆脱弱势地位；其次，积极发展落后地区和发达地区结构型社会资本，因为该类型的社会资本能够引导落后地区居民向外发展，提供群体内没有或不足的社会资本。最后，加强发达地区和落后地区的合作作用，培育社会资本载体，加强商会、行业协会等民间组织的作用。商会和行业协会等民间组织在区域经济发展中发挥着重要的协调管理、组织服务的功能，是促进地区经济社会健康发展的一支重要力量。由于我国市场经济发展仍未成熟，企业行为仍不规范，导致市场中的各种信号和参数发生扭曲和误导，使市场对社会资源配置的基础性功能失效。商业和行业协会的行为方式一般有四种：（1）组织和强制实施成员间的合作行为；（2）与其他协会组织订立集体性合约；（3）变通或影响政府公共政策，以保持和增加其本身和其成员的利益；（4）提供能够影响交易行为和效果的各类信息。[①] 商会和行业协会及时的信息补给，有利于弥补市场机制的缺陷。同时，商会和行业协会的发展能够成为非正式网络的有益补充，各地区在充分发挥商会和行业协会作用的同时还应积极发挥非正式网络的作用。

三、规范各经济主体行为

社会资本作为一种非正式制度，与正式制度的关系表现为互补性或替代性，公民间的互动关系和信任状况受到政府与公民间相互作用关系和政府信任状况的制约。有效的正式制度不但能取代部分效率低的非正式制度，而且对于非正式制度的效率也有明显的促进作用。各经济主体行为的规范能够提供一个稳定的政策环境，有利于人们形成稳定的预期。

首先，政府要规范自己的行为，提升政府的公信力，注重道德性规范的教化，培养企业良好的商业道德。如果政府没有完全按照程序办事，主观随意性、长官意志强，有大量不规范行为的存在，时间长了政府的公信力就会受到质疑。要规范政府行为，应当建立明确的行政规范制度，行政规范制度是以国家的强制力量作为保证，由国家或政府制定的一系列调节人与人、人与组织、组织与组织之间的行为与关系的规则。行政性规范包括法律、法规和各种规章制度。目前，我国各地区有诸多地方行政性规定，这种规定指令性或者暗示性要求本地区企业或个人只能购买本地货物，通过不正当的行政手段限制或人为排挤外地产品进入本地市场，从而达到对本地企业保护的目的。这样做的后果只能是导致各地区之

① 此处参考了吴宗祥（2006）的研究。

间相互恶性竞争混乱局面的形成，并严重阻碍区域经济的发展。①

其次，政府应鼓励企业规范自己的行为，避免制假售价、商业欺诈、讨债骗贷等行为的发生。近年来，我国频繁出现一些侵害消费者权益的案件，一些企业的行为给消费者带来了巨大的物质和精神损失。这些企业不规范行为不仅损害了自身的声誉，同时也给当地带来和诸多负面的影响。笔者认为，企业行为的规范需要政府和企业两个方面的共同努力。政府要加强监管和立法，对企业的不规范行为严厉打击；企业自身加强自律，同时充分发挥行业组织、商会的作用，实行行业自律以及行业规范，自觉抵制假冒伪劣产品，对行业的健康成长起到保护作用。

最后，政府还应加强倡导公众行为规范，倡导社会公德，加强诚信意识和诚信观念，让诚实守信成为全社会共同的价值追求和行为准则。

四、重视区域文化建设

区域风俗和习惯是人们在长期的社会实践中形成并固定下来的行为方式和价值理念，是在共同地域、共同历史作用下形成的文化传统，它能够影响人的行为。社会舆论、乡规民约、习俗等具有凝聚作用，对这些风俗习惯一定要谨慎处理，不然会破坏传统社会资本，影响区域发展。因此，要促进各地区协调发展，必须重视区域文化的重要作用（吴光芸，2011）。地方政府要全面发掘、整理、传承本地区的文化。当然，在传承的过程中也要作必要的扬弃，以适应时代的潮流。同时，地方政府还应鼓励创新的文化环境，重视发挥区域文化的个性特色（金丹，2012）。落后地区应着力打造重商、亲商文化，培育创新、创业精神、构建合理的政商关系。加强区域品牌建设，构建创新网络，营造一种有利于企业、研究机构以及政府相互间进行交流与协作的良好的区域文化环境，激发创新与创业、竞争与合作、宽容与信任、开放与学习的文化氛围。良好的区域文化一旦形成，就会具有相对稳定性、整合性、同化力、凝聚力等特性和功能，为特定区域内的成员所接受，产生心理认同，形成固定模式，并自觉遵守和维护，进而影响区域经济发展（吴光芸，2011）。

第四节　主要结论与研究展望

一、主要结论

本研究把社会资本因素纳入中国区域协调发展分析框架，并试图构建一个社

---

① 此处参考了吴光芸等（2011）的研究。

会资本、贸易与中国区域协调发展的理论解释框架，分析社会资本在中国区域协调发展中的作用，并提出社会资本视角下促进区域协调发展的战略。

对于社会资本这一颇具争议的概念，本研究认为：社会资本是一种对经济体的生产能力有影响的、人们之间所构成的一系列联系（Contact），这种联系主要包括信任、社会网络（协会参与）、规范及社会结构。它主要通过促进集团内成员利益协调与合作，增进信息共享、协调行动从而对经济增长发挥作用。进一步，我们对区域社会资本的内涵及主要方面进行明确，指出区域社会资本是内生于区域社会发展过程之中的，对区域经济增长具有重要积极影响的区域社会信任体系、区域社会规范、区域社会（参与）网络、区域社会结构的综合。

通过理论模型分析，得出的主要结论是：社会资本在正式制度较弱时的增加，能够带动经济发展；在正式制度较强时，社会资本的增加基本不能发挥作用。理论分析还深入分析了社会资本的各因素——信任、社会网络、规范以及社会结构影响贸易的机制。区域信任通过降低交易成本进而提高贸易量；区域社会网络能够通过消除贸易壁垒、减少贸易成本进而提高贸易量；区域规范能给为区域贸易发展提供良好的制度保障，进而促进贸易的发展；区域社会结构通过区域文化和区域冲突对贸易产生影响。

现实背景分析着重分析我国区域协调发展现状以及区域协调发展新格局，并得到如下主要结论：第一，建国后，中国区域协调发展大致经历了均衡发展、非均衡发展以及区域协调发展三个阶段；第二，目前各地区相对差距略有缩小，绝对差距扩速放缓；各区域整体协调发展趋势良好；核心增长区发挥着越来越重要的作用；区域合作逐步加强，合作机制日趋完善；区域协调发展的政策框架基本形成。第三，20 世纪 90 年代以来，我国采取了一系列区域协调发展战略：区域发展总体战略；主体功能区战略；区域一体化战略；特殊地区和贫困地区扶持战略；中国特色城镇化战略。第四，当前区域协调发展呈现了新格局，主要表现在：中西部地区增速超过东部地区；三大城市群将继续主导中国经济发展；经济重心开始北移；产业转移由东向西不断推进；区域经济实力明显增强。第五，目前区域协调发展还存在如下问题，突出地表现为：区域间不正当竞争；中西部地区发展基础仍旧薄弱；资源环境约束压力日益加大；促进区域协调发展的政策体系尚不健全；区域间基本公共服务不均等。

实证研究部分旨在利用相关调查数据及宏观数据，对我国区域社会资本进行测度，并利用得到的数据，实证检验区域社会资本在多大程度上影响着各地区的贸易以及经济增长，并最终对区域协调发展产生影响。实证检验得到如下主要结论：第一，物质资本、劳动力以及人力资本是造成地区间经济发展的最主要因素，社会资本和正式制度对地区经济发展差距同样起到了非常重要的作用。在控制了基本因素（物质资本、劳动力、人力资本）和正式制度的前提下，社会资本对经济增长有着显著的正向影响；第二，社会资本对经济增长的影响在各地区间有显著的差异，东部地区最强，西部地区次之，中部地区最弱。第三，分地区的稳健性检验再次验证了社会资本的重要作用，同时也再次验证了社会资本在不同地区间对经济增长作用的差异。第四，分因素的稳健性检验证实了信任和社会网络对地区经济增长的影响。信任水平越高的地区经济增长水平也越高，反之亦然。社会网络对经济增长既有有利的方面，也有不利的方面，实证结果显示，受不利因素的影响，社会网络对经济增长的影响为正，但不显著。第五，从国际贸易角度，利用世界价值调查数据，实证检验信任、正式制度对中国对外贸易的影响，结论显示：东道国的信任水平对中国的贸易流量有显著正向影响；中国与东道国的制度差距会增加交易成本，不利于双边贸易往来；东道国正式制度越完善，信任对国际贸易的影响越不显著；东道国正式制度越不完善，信任的作用更显著。从国内贸易的角度，通过利用省际信任数据，实证检验了信任对国内贸易发展的作用，结论显示：信任能够降低交易成本，进而带来国内贸易的增加；信任对国内贸易的发展有着显著的正向影响；引入控制变量后，信任仍旧对国内贸易产生显著的正向影响。

通过以上分析，我们逐渐明确：在探寻地区经济差异的根源时，应该明确社会资本的重要作用。政府在制定区域协调发展战略时，除了重视和不断加大对落后地区的物质资本、人力资本投入外，还应努力培育区域性的社会资本，进而促进区域协调发展。基于此，我们提出了如下政策建议：第一，努力提升区域信任水平。尤其是对于落后地区，首先，要建立健全诚信法律法规体系，提高个人、企业的失信成本。其次，加强质量监管、诚信监督、知识产权、社会公平竞争等方面制度建设，提高区域内企业的信任度。最后，建立健全企业与机构的信用评价机制，建立企业失信及违约的“黑名单”，支持信用信息平台等基础设施建设，增强企业间的信任与承诺。第二，规范各经济主体行为。政府首先要规范自己的行为，提升政府的公信力。政府还应加强倡导公众行为规范，倡导社会公德，加强诚信意识和诚信观念，让诚实守信成为全社会共同的价值追求和行为准则。第三，积极构建区域间社会组织网络。企业通过参与社会组织网络，可以认识更多的合作者，扩展非正式的社会网络，这些丰富的社会网络，能够给企业带来更多的信息，减少企业交易成本，最终有利于企业的快速成长。因此，政府应该大力鼓励和发展壮大社会组织，充分发挥社团和行业协会在经济社会发展中的作用。第四，重视区域文化建设。要促进各地区协调发展，必须重视区域文化的重要作用。地方政府要全面发掘、整理、传承本地区的文化。地方政府还应鼓励创新的文化环境，重视发挥区域文化的个性特色。

二、研究展望

社会资本尽管颇具争议，但其对经济增长与经济发展的影响已毋庸置疑。20世纪90年代以前鲜有文献关注其在社科领域的作用，但随后相关文献大量出现。笔者近年来主要关注该领域的研究，并试图将其纳入中国区域经济发展框架。我们在这方面的努力仍旧是尝试性的，尚存在诸多不足，相关研究可以在以下几个方面进行扩展：

首先，社会资本概念本身仍需深入研究。不同学科对社会资本进行了不同的定义，但显然要达成统一的框架仍需时日。本文尽管对社会资本及区域社会资本的定义进行了界定和明确，但仍旧存在值得商榷的地方。只有真正把社会资本概念本身进行了明确，才能将其运用到解释社会、经济的方方面面。

其次，本研究主要从宏观层面对社会资本对区域经济发展的作用进行了考察，尽管也从微观角度进行了实证分析，但这种尝试还存在许多不足之处。社会资本对贸易的影响我们也是从宏观层面进行了考察，今后的研究方向应该着重于微观层面。事实上，贸易理论近年来关注的焦点已经开始转向企业微观层面，企业拥有的社会资本存量的不同，有可能对企业贸易行为产生不同的影响，进而影响该地区的贸易量，并对区域经济发展产生影响。

再次，区域协调发展战略研究仍需深入。课题组对区域协调发展战略的研究尚显薄弱，我们仅从社会资本的视角提出了针对性的政策建议，没有考虑各区域社会资本存量的动态变化，这点也是今后的研究应该给予关注的。

最后，本研究重点分析了信任对国际贸易和国内贸易的影响。事实上，社会资本的其它方面，社会网络、规范以及社会结构都可能对贸易产生影响，并且越来越多的贸易领域的文献给予了充分关注，而本研究没有进行更为深入的定量研究，这也是今后努力的一个方向。

参考文献

中文文献:

[1]［美］罗伯特·D. 帕特南. 使民主运转起来［M］. 江西：江西人民出版社，2001.

[2] 包群. 贸易开放与经济增长：只是线性关系吗?［J］. 世界经济，2008，(9)：3-7.

[3] 陈斐，陈秀山. 促进区域协调发展的两大重点［J］. 生产力研究，2007，(13)：140-146.

[4] 陈耀. 深化我国区域经济重大问题研究［J］. 区域经济评论，2013，(1)：24-28.

[5] 董才生. 社会信任的基础：一种制度的解释［D］. 吉林：吉林大学哲学社会学院，2004.

[6] 范恒山. 区域协调发展：面临的挑战和应对的思路［N］. 人民日报，2008年6月.

[7] 范恒山. 我国促进区域协调发展的理论与实践［J］. 经济社会体制比较，2011，(6)：1-9.

[8] 弗朗西斯·福山. 信任——社会美德与创造经济繁荣（中译本）［M］. 海南：海南出版社，2001.

[9] 龚六堂，谢丹阳. 我国省份之间的要素流动和边际生产率的差异分析［J］. 经济研究，2004，(4)：45-53.

[10] 郭少新，何炼成. 社会资本——解释经济增长的一种新思路［J］. 财贸研究，2004，(2)：7-10.

[11] 郭熙保. 社会资本理论的兴起——发展经济学研究的一个新思路［J］. 江西社会科学，2006，(12)：7-13.

[12] 何枫，陈荣. 经济开放度对中国经济效率的影响——基于跨省数据的实证分析［J］. 数量经济技术经济研究，2004，(3)：18-24.

[13] 胡乃武，韦伟. 区域经济协调发展论［J］. 发展论坛，1995，(2)：39-42.

[14] 黄新飞，舒元. 中国省际贸易开放与经济增长的内生性研究［J］. 管理世界，2010，(7)：56-65.

[15] 姜文仙. 区域协调发展的动力机制研究［D］. 暨南大学博士学位论文，2011年5月.

[16] 蒋满元. 我国对外贸易的区域格局及其波动特征探讨. 国际贸易问题. 2008，(11)：9-14.

[17] 金丹. 社会资本与区域经济增长——基于中国区域视角的实证分析［J］. 软科学，

2012，(9)：89 -93.
[18] 金丹．社会资本与区域经济增长：一个理论分析框架 [J]．河北经贸大学学报，2012，(11)：21 -26.
[19] 李斌，陈开军．对外贸易与地区经济差距变动 [J]．世界经济，2007，(5)：25 -31.
[20] 李国平，王志宝．中国区域空间结构演化态势研究 [J]．北京大学学报（哲学社会科学版)，2013，(3)：148 -158.
[21] 李兴江，唐志强．论区域协调发展的评价标准及实现机制．甘肃社会科学，2007，(6)：52 -53.
[22] 刘海涛．试论中国古代经济中心东移南迁的原因 [J]．东方企业文化，2010，(3)：190.
[23] 刘力．对外贸易、收入分配与区域差距——对中国区域经济差距的贸易成因分析 [J]．南开经济研究，2005，(4)：58 -61.
[24] 刘青峰，姜书竹．从贸易引力模型看中国双边贸易安排 [J]．浙江社会科学，2002，(6)．
[25] 刘庆林，綦建红．国际贸易社会网络理论研究综述 [J]．经济学动态，2004，(7)：96 -99.
[26] 刘权，董英华．海外华商网络的深入研究及资源利用 [J]．东南亚纵横，2003，(7)．
[27] 刘生龙，王亚华，胡鞍钢．西部大开发成效与中国区域经济收敛 [J]．经济研究，2009，(9)：94 -104.
[28] 刘应杰．我国区域发展战略与区域经济新格局 [J]．区域经济评论，2013，(1).
[29] 刘渝琳，冯其云．外资企业对外贸易与经济增长关系的区域差异分析——基于我国东部和西部地区面板数据的检验 [J]．国际贸易问题，2007，(3)：59 -66.
[30] 陆铭．空间的力量：地理、政治与城市发展 [M]．上海：上海人民出版社和格致出版社，2013.
[31] 马光荣，杨恩艳．社会网络、非正规金融与创业 [J]．经济研究，2011，(3)：83 -95.
[32] 蒙英华．海外华商网络与中国对外贸易：理论与证据 [D]．厦门大学博士学位论文，2008 年．
[33] 蒙英华．海外华人网络对中国对外贸易影响的面板数据分析 [J]．当代财经，2007，(9)．
[34] 欧向军，沈正平，王荣成．中国区域经济增长与差异格局演变探析 [J]．地理科学，2006，(6)：641 -648.
[35] 帕萨·达斯古普塔，伊斯梅尔·撒拉戈尔丁．社会资本——一个多角度的观点（中译本）[M]．北京：中国人民出版社，2002.
[36] 潘峰华，贺灿飞．社会资本和区域发展差异 [J]．学习与探索，2010，(4)：143 -148.
[37] 潘文轩．我国财政分权对区域协调发展的影响 [D]．2011：财政部财政科学研究所博士

学位论文.
[38] 潘镇. 制度质量、制度距离与双边贸易 [J]. 中国工业经济, 2006, (7).
[39] 彭文慧. 社会资本与区域经济增长——基于空间计量经济学的研究 [M]. 北京: 社会科学文献出版社, 2013.
[40] 石佳戈. 泛珠三角区域分工合作模式的经验及启示——基于泛长三角区域的角度 [J]. 区域经济, 2011, (1): 265-269.
[41] 孙丽军, 石磊. 社会资本: 文献与进一步的研究 [J]. 社会科学, 2003,(1): 20-25.
[42] 孙倩. 国内区域协调发展状况定量评价研究综述 [J]. 技术经济与管理研究, 2012, (7): 90-94.
[43] 覃成林. 中国区域经济差异研究 [M]. 北京: 中国经济出版社, 1997.
[44] 唐有财, 符平. 转型期社会信任的影响机制——市场化、个人资本与社会交往因素探讨 [M]. 浙江社会科学, 2008, (11): 59-67.
[45] 涂尔干. 社会分工论 (中译本) [M]. 三联书店出版, 2000.
[46] 万广华. 经济发展与收入不平等: 方法和证据 [M]. 上海: 上海三联书店, 上海人民出版社, 2006.
[47] 汪阳红. 改革开放以来我国区域协调互助机制的回顾与展望 [J]. 宏观经济管理, 2011, (11): 41-44.
[48] 王丽娟. 贸易自由化对中国区域经济差距的影响分析 [J]. 世界经济研究, 2005, (9): 41-48.
[49] 王琴梅. 区域协调发展内涵新解 [J]. 甘肃社会科学, 2007, (6): 46-50.
[50] 王胜令, 吴昊, 于潇. 推动区域协调发展的几个战略 [J]. 求是, 2008,(9): 32-33.
[51] 王小鲁, 樊纲. 中国经济增长的可持续行 [M]. 北京: 经济科学出版社, 2000.
[52] 王延中. 基础设施与制造业发展关系研究 [M]. 北京: 中国社会科学出版社, 2002.
[53] 王永进, 盛丹. 社会信任与出口比较优势——基于 IVTSLS 和 PSM 方法的实证研究 [J]. 国际贸易问题, 2010, (10): 64-71.
[54] 魏浩, 刘吟. 对外贸易与国内收入差距: 基于全球 125 个国家的实证分析[J]. 统计研究, 2011, (8): 34-42.
[55] 魏浩等. 制度水平、制度差距与发展中的对外贸易发展——来自全球 31 个发展中国家的国际经验[J]. 南开经济研究, 2010, (5): 18-34.
[56] 吴光芸, 李建华. 促进区域经济发展的社会资本培育机制建设探讨[J]. 现代财经, 2011, (2): 36-41.
[57] 吴强, 龚晓菊. 特殊贫困地区加快发展的战略思考[J]. 宏观经济管理, 2013,(7): 69-71.
[58] 向延平. 区域协调发展的国际经验及启示[J]. 宏观经济管理, 2013, (4): 86-87.
[59] 肖金成. 中国区域发展新格局及促进区域协调发展的若干建议[J]. 经济学动态, 2009, (12): 70-72.

[60] 熊灵，魏伟，杨勇．贸易开放对中国区域增长的空间效应研究[J]．经济学（季刊），2012，(3)：1037－1058.

[61] 徐康宁，韩剑．中国区域经济的“资源诅咒”效应：地区差距的另一种解释［J]，经济学家，2005，(6)：96－102.

[62] 徐现祥，周吉梅，舒元．中国省区三次产业资本存量估计[J]．统计研究，2007，(5)：6－13.

[63] 徐盈之，吴海明．环境约束下区域协调发展水平综合效率的实证研究[J]．中国工业经济，2010，(8)：34－45.

[64] 宣晓伟．中国未来的区域增长格局研究[J]．区域经济评论，2013，(4)：5－12.

[65] 杨刚强，张建清，江洪．差别化土地政策促进区域协调发展的机制与对策研究[J]．2012，(10)：185－192.

[66] 杨荫凯．对三中全会关于促进区域协调发展新部署的几点认识[J]．宏观经济管理，2013（12)：6－7.

[67] 杨宇，沈坤荣．社会资本、制度与经济增长——基于中国省级面板数据的实证研究．制度经济学研究，2010，(2)：34－40.

[68] 杨智斌，曾先峰．中国区域经济差异问题研究综述[J]．经济地理，2010，(6)：900－906.

[69] 叶国平．我国区域发展差异的非正式制度分析[J]．理论界，2007，(8)：11－15.

[70] 殷德生．社会资本与经济发展：一个理论综述[J]．南京社会科学，2001，(7)：28－31.

[71] 张利华，徐晓新．区域一体化协调机制比较研究[J]．中国软科学，2010，(5)：81－87.

[72] 张鹏．FDI 流入、出口贸易影响区域经济增长差异性的实证分析[J]．国际贸易问题，2010，(5)：88－93.

[73] 张其仔．社会资本论：社会资本与经济增长［M］．北京：社会科学文献出版社，2002.

[74] 张爽，陆铭，章元．社会资本的作用会被市场减弱还是加强？来自中国农村贫困的实证研究[J]．经济学（季刊），2007，(2)：539－560.

[75] 张维为．中国震撼：一个“文明型国家”的崛起［M］．上海：上海人民出版社，2011 年.

[76] 张维迎，柯荣住．信任及其解释：来自中国的跨省调查分析[J]．经济研究，2002，(10)：59－70.

[77] 张文宏．中国的社会资本研究：概念、操作化测量和经验研究[J]．社会学研究，2007，(3)：142－149.

[78] 赵家章，池建宇．信任、正式制度与中国对外贸易发展——来自全球 65 个国家的证据[J]．中国软科学，2014，(1)：43－45.

[79] 赵家章．社会资本与中国区域经济差异研究［M］．北京：首都经济贸易大学出版社，2011 年.

[80] 赵家章．国外信任与经济增长研究进展及启示[J]．国外社会科学，2014， （1）：187 - 194.

[81] 赵伟，何莉．对外贸易与地区经济增长差距——基于中国省际面板数据的实证分析[J]．技术经济，2007，（5）：107 - 114.

[82] 赵霞，陈学志．基于区域经济协调发展对我国转移支付制度的思考[J]．经济问题，2007（6）：31 - 33.

[83] 赵延东．社会资本理论的新进展[J]．国外社会科学，2003，（3）：45 - 50.

[84] 郑继承．区域经济一体化背景下我国城市群发展的战略选择[J]．经济问题探索，2013，（3）：73 - 81.

[85] 郑长德．区域协调发展的政策研究——基于新经济地理学的视角[J]．2012,（1）：40 - 50.

[86] 周绍杰，王有强，殷存毅．区域经济协调发展：功能界定与机制分析[J]．清华大学学报（哲学社会科学版），2010，（2）：141 - 148.

[87] 周玉翠．我国对外贸易的区域差异研究[J]．经济问题探索．2009，（10）：102 - 108.

英文文献：

[1] Acemoglu, D., Johnson, S., Robinson, J., . Reversal of fortune: geography and institutions in the making of the modern world income distribution. Quarterly Journal of Economics, 2002, 117, 1231 - 1294.

[2] Acemoglu, D., P. Antras, and E. Help. Contracts and Technology Adoption. The American Economic Review, 2007, 97, 916 - 943.

[3] Ahlerup, P., Olsson, O., and Yanagizawa, D. Social capital vs institutions in the growth process. European Journal of Political Economy, 2009, 25 (1): 1 - 14.

[4] Algan, Y., Cahuc, P. Inherited trust and growth. American Economic Review, 2010, 100: 2062 - 2092.

[5] Anderson, James E., and Douglas Marcouiller. Insecurity and the Pattern of Trade: An Empirical Investigation. Review of Economics and Statistics, 2002, 84 (2): 342 - 352.

[6] Angela Cheptea. Trade liberalization and institutional reforms. Economics of Transition, 2007, 15 (2): 211 - 255.

[7] Argyle, M. Benefits Produced by Supportive Relationship. In Veil, H. &Baumann, U.(eds) The Meaning and Measurement of Social Support. New York, Hemisphere Publishing Corp, 1992, 13 - 32.

[8] Arrow, K., Political and economic evaluation of social effects and externalities. In: Intriligator, M.(Ed.), 1971.

[9] Banerjee, A., Iyer, L., History, institutions, and economic performance: the legacy of colonial land tenure systems in India. American Economic Review, 2005, 95: 1190 - 1213.

[10] Barlow, J. P. , Birkets, S. , Kelly, K. , & Slouka, M. What are we doing on – line? Harper's, 1995, 291: 35 –46.

[11] Barrett C B. Idea Gaps, Object Gaps, and Trust Gaps in Economic Development. The Journal of Developing Areas, 1997, 31: 553 –568.

[12] Berggren, N. , Elinder, M. , and Jordahl, H. Trust and growth: a shaky relationship. Empirical Economics, 2008, 35: 251 –274.

[13] Berkowitz, Daniel, Johannes Moenius, and Katharina Pistor. Trade, Law, and Product Complexity. Review of Economics and Statistics, 2006, 88 (2): 363 –373.

[14] Bertrand, M. , Luttmer, E. F. P. , Mullainathan, S. , Network effects and welfare cultures. Quarterly Journal of Economics, 2000, 65: 1019 –1055.

[15] Beugelsdijk, S. A note on the theory and measurement of trust in explaining differences in economic growth. Cambridge Journal of Economics, 2006, 30: 371 –387.

[16] Beugelsdijk, S. , de Groot, H. L. F. , and van Schaik, A. B. T. M. Trust and economic growth: a robustness analysis. Oxford Economic Papers, 2004, 56: 118 –134.

[17] BiswoPoudel Krishna P. Paudel. Trust, institutions and development. Applied Economics Letters, 2012, 19: 2, 145 –147.

[18] Bjornskov, C. How does social trust affect economic growth?. Southern Economic Journal, 2012, 78: 1346 –1368.

[19] Boettke, Peter J. , Christopher J. Coyne, and Peter T. Leeson. Institutional Stickiness and the New Development Economics. American Journal of Economics and Sociology, 2008, 67 (2): 331 –358.

[20] Cary A. Deck, An Experimental Investigation of Trust and Sequential Trade. Soutlwrn Economic Journal, 2010, 76 (4) . 993 –1004.

[21] Casella A. , Rauch J E. Anonymous market and group ties in international trade. Journal of International Economics, 2002, 58 (1): 19 –48.

[22] Chou. G. , C. Capital Formation and Economic Growth in China. Quarterly Journal of Economics, 1993, (114): 243 –266.

[23] Cohen, Abner. Custom and Politics in Urban Africa: A Study of Hausa Migrants in Yoruba Towns. 1969, Berkeley: U. California Press.

[24] Coleman, J. Social Capital in the Creation of Human Capital. American Journal of Sociology, XCIV (1988), S95 –S120.

[25] Costa, D. E. & Kahn, M. E. Understanding the American Decline in Social Capital, 1952 –1998. Kyklos, 2003, 56: 17 –46.

[26] Dan Lee, Kap – Young Jeong& Sean Chae. Measuring Social Capital in East Asia and Other World Regions: Index of Social Capital for 72 Countries. Global Economic Review: Perspectives on East Asian Economies and Industries, 2011, 40: 385 –407.

[27] Daniel Muller, BennoTorgler, and Eric M. Uslaner. Inherited Trust and Growth – comment. CREMA, Working Paper, 2012, No. 4.

[28] David Dollar, AartKraay. Institutions, Trade and Growth. Journal of Monetary Economics. 2003, vol. 50, pp. 133 – 162.

[29] De Groot, Henri L. F. Gert – Jan Linders, Piet Rietveld, and Uma Subramanian. The Institutional Determinants of Bilateral Trade Patterns. Kyklos, 2004, 57 (1),: 103 – 123.

[30] Dearmon, J., Grier, K. Trust and Development. Journal of Economic Behavior & Organization, 2009, 71: 210 – 220.

[31] Eaton J., S. Kortum. Technology, Geography, and Trade. Econometrica, 2002, 70, 1741 – 1779.

[32] Frank A. G. den Butter, Robert H. J. Mosch. Trade, Trust and Transaction Costs. Tinbergen Institute Discussion Paper, 2003.

[33] Fukuyama, F. Social capital and the global economy. Foreign Affairs, 1995, 74: 89 – 103.

[34] Fukuyama, F. Trust: Social Virtues and the Creation of Prosperity. New York: The Free Press, 1995.

[35] Fung, K. C. Characteristics of Japanese In – dustrial Groups and Their Potential Impact on U. S. – Japanese Trade. in Empirical Studies of Commercial Policy. Robert Baldwin, ed. Chi – cago: U. 1991, Chicago Press, pp. 137 – 64.

[36] Gonzalez Rivas. The Effects of Trade Openness on Regional Inequalityin Mexico. Marcela Annals of Regional Science, 2007, 41 (3): 545 – 561.

[37] Granovetter Mark, Getting a Job, Chicago: University of Chicago Press, 1995: pp. 27 – 29.

[38] Granovetter, Mark. The Strength of Weak Ties, Amer. J. Soci, 1973 (78), pp. 1360 – 80.

[39] Greif, A. Reputation and coalition in medieval trade: evidence on Maghribi traders. Journal of Economic History, 1989, 49 (4): 857 – 882.

[40] Greif, Avner. Cultural Beliefs and the Organization of Society: A Historical and Theoretical Reflection on Collectivist and Individualist Societies. Journal of Political Economy, 1994, 102 (5),: 912 – 950.

[41] Greif, Avner. Institutions and the Path to the Modern Economy: Lessons from Medieval Trade. Cambridge University Press, 2006.

[42] Greif, Avner. Reputation and Coalitions in Medieval Trade: Evidence on the Maghribi Traders. Journal of Economic History. 1989, 49: 4, pp. 857 – 82.

[43] Greif, Avner. Contract Enforceability and Economic Institutions in Early Trade: The Maghribi Traders' Coaliton. American Economic Review, 1993, 83: 3, pp 525 – 548.

[44] Guiso Luigo Sapienza Paola and Zingales Luigi. Cultrual Biases in Economics Exchange. Quarterly Journal of Economics, 2009, 124 (3): 2095 – 1131.

[45] Gulati, R. Alliances and networks. Strategic Management Journal, 1998. 19: 293 – 317.

[46] Gulati, R. Does familiarity breed trust? The implications of repeated ties for contractual choice in alliances. Academy of Management Journal, 1995, 38. 1: 85 - 112.

[47] Helliwell, J. How much do national borders matter?. Brookings Institution, Washington DC, 1998.

[48] Helliwell, John, and Robert, Putnam. Economic Growth and Social Capital in Italy. Eastern Economic Journal, 1999, XXI, 295 - 307.

[49] Howard, P. , Rainie, L. , & Jones, S. Days and nights on the Internet: The impact of a diffusing technology. In B. Wellman & C. Haythornthwaite (Eds.), The Internet and everyday life, 2002, pp. 45 - 73. Oxfore: Blackwell.

[50] James E. Anderson and Leslie Young. Trade and Contract Enforcement. Contributions in Economic Analysis& Policy, 2006, 5 (1) .

[51] Jan Fagerberg. Technology and International Differences in Growth Rates. Journal of Economic Literature, 1994, Vol. 32, No. 3. (Sep.), pp. 1147 - 1175.

[52] Kaufmann, D. , A. Kraay, and M. Mastruzzi. The Worldwide Governance Indicators: Methodology and analytical issues. Hague Journal on the Rule of Law 2011, 3 (02): 220 - 246.

[53] Kenneth S. Chan. Trade, Social Values, and the Generalized Trust. Southern Economic Journal, 2007, 73 (3): 733 - 753.

[54] Kerekes, Carrie B. , and Claudia R. Williamson. Unveiling de Soto's Mystery: Property Rights, Capital, and Development. Journal of Institutional Economics, 2008, 4 (3): 299 - 325.

[55] Knack, S. Social capital and the quality of government: evidence from the US states. American Journal of Political Science, 2002, 46: 772 - 785.

[56] Knack, S. , Keefer, P. Institutions and economic performance: cross - country tests using alternative institutional measures. Economics and Politics, 1995, 7: 207 - 225.

[57] Knack, Stephen and Paul J. Zak. Building Trust: Public Policy, Interpersonal Trust and Economic Development. Supreme Court Economic Review, 2002, 10: 91 - 107.

[58] Knack, Stephen, and Philip Keefer. Institutions and Economic Performance: Cross - Country Tests Using Alternative Institutional Measures. Economics and Polities, VII. 1995, 207 - 227.

[59] Kogut, B. and H. Singh. The Effects of National Culture on the Choice of Entry - Mode. Journal of International Business Studies, 1988, 19 (3): 411 - 432.

[60] Kreps, D. , P. Milgrom, J. Roberts&R. Wilson. Rational cooperation in the finitely repeated prisoners dilemma. Journal of Economic Theory, 1982, 27: 245 - 52.

[61] La Porta, Rafael, Florencio Lopez - de - Silanes, Andrei Shleifer, and Robert Vishny. Trust in Large Organizations. American Economic Review, 1997, 87 (2): 333 - 38.

[62] Laurin, Frederic. Trade and regional growth in Spain: panel cointegration in a small sample. Applied Economics, 2012, 44 (4): 435 - 447.

[63] Lawrence, Robert Z. Efficient or Exclu - sionist? The Import Behavior of Japanese Cor - porate

Groups. Brookings Paper. Economic Act. 1991, 1.

[64] Lawrence, Robert Z. Japan's Different Trade Regime: An Analysis with Particular Reference to Keiretsu, Journal of Economic Perspective, 1993, 7: 3, pp. 3 – 19.

[65] Leonardi, R. 1995. Regional development in Italy, social capital and the Mezzogiorno. Oxford Review of Economic Policy, 1995, 11: 165 – 179.

[66] Levchenko, A. Institutional Quality and International Trade. Review of Economic Studies, 2007, 3: 791 – 819.

[67] Luhman, N. Familiarity, confidence, trust: problems and alternatives. in Gambetta, D. Trust: Making and Breaking Cooperative Relations, Oxford: Basil Blackwell, 1988.

[68] Malecki, E. J. Network models for technology – based growth. In: Acs, Z. (Ed.), Regional Innovation, 2000.

[69] Martín, Miguel – ángel Galindo Herranz, Agustínálvarez, (2006). Regional Exports and Economic Growth: The Case of Spanish Regions. International Advances in Economic Research, 12 (2): 81 – 89

[70] McCallum, J. National borders matter: Canda – U. S, regional trade patterns. American Economic Review, 1995, 85: 615 – 623.

[71] Nee, V. 1998. Norms and Networks in Economic and Organization Performance. American Economic Review. Vol. 88, No. 2., pp. 85 ~ 89.

[72] Newton, K. Social Capital and Democracy. American Behavioral Scientist, 1997, 40: 575 – 586.

[73] Newton, K. Trust, Social Capital, Civil Socitey, and Democracy. International Political Science Review, 2001, (2): 201 – 214.

[74] Nie, N. H., Hillygus, D. S., & Erbring, L.(2002). Internet use, interpersonal relations and sociability: A time diary study. In B. Wellman & C. Haythornthwaite (Eds.), Internet and everyday life (pp. 215 – 243). Oxford: Blackwell.

[75] Nooteboom, B. Innovation, learning and industrial organization. Cambridge Journal of Economics, 1999, 23: 127 – 150.

[76] North, D., Institutions, Institutional Change, and Economic Performance. Cambridge University Press, Cambridge, 1990.

[77] North, D., Structure and Change in Economic History. W. W. Norton & Co., New York. 1981.

[78] Nunn, Nathan. Relationship – Specificity, Incomplete Contracts and the Pattern of Trade. Quarterly Journal of Economics, 2007, 122: 569 – 600.

[79] Obstfeld, M., Rogoff, K. The six major puzzles in international macroeconomics: is there a common cause? In: Bernanke, B., Rogoff, K.(Eds.) NBER Macroeconomics Annual 2000.

[80] Olson, Mancur. The Rise and Decline of Nations: Economic Growth. Stagflation and Social Rigidities. New haven and London: Yale University Press, 1982.

[81] Ostrom, E. Social Capital: A Fad or a Fundamental Concept in Social Capital: A Multifaceted Perspective. The International Bank for Reconstruction and Development., The World Bank, 1999.

[82] Paxton, P. Is Social Capital Decling in the United States? A Multiple Indicator Assessment. American Journal of Sociology, 1999: 105, 88 - 127.

[83] Portes, A. Social Capital: Its Origins and Applications in Modern Sociology. Annual Review of Sociology, 1998, 24: 1 - 24.

[84] Putnam, R., 2000. Bowling Alone: The Collapse and Revival of American Community. Simon and Schuster, New York.

[85] Putnam, Robert D. Robert Leonardi, and Raffaella Y. Nanetti. Making Democracy Work: Civic Traditions in Modern Italy. Princeton. NJ: Princeton University Press, 1993.

[86] Quan - Haase, A., Wellman, B., with, Witte, J., & Hampton, K. (2002). Capitalizing on the Internet: Social contact, civic engagement, and sense of community. In B. Wellman & C. Haythornthwaite (Eds.), Internet and everyday life (pp. 291 - 324). Oxford: Blackwell.

[87] Rauch J. E. and Casella A. Overcoming Information Barriers to International Resource Allocation: Price and Ties. The Economic Journal, 2003, 113 (484): 21 - 42.

[88] Rauch, James D., and VitorTrindade. Ethnic Chinese Networks in International Trade. Review of Economics and Statistics, 2002, 84 (1): 116 - 130.

[89] Rauch, James D. Business and Social Networks in International Trade. Journal of Economic Perspectives, 2001, 14 (3): 137 - 158.

[90] Rauch, James E., Trade and Search: Social Capital, Sogo Shosha, and Spillovers, NBER Working Paper, 5618, June, 1996.

[91] Ring, P. S., Van de Ven, A. H. Structuring cooperative relationships between organizations. StrategicManagement Journal, 1992, 13, 483 - 498.

[92] Robert J Barro. Economic Growth in a Cross - Section of Countries. The Quarterly Journal of Economics, CVI (1992), 407 - 444.

[93] Roman Horvath. Does trust promote growth. Journal of Comparative Economics, 2013, 41: 777 - 788.

[94] Roth, F. Does too much trust hamper economic growth?. Kyklos, 2009, 62 (1): 103 - 128.

[95] Rothestein, B. Social Capital in the Social Democratic Welfare State. Politics and Society, 2001, 29: 206 - 40.

[96] Saxonhouse, Gary R. 1993, What Does Japanese Trade Structure Tell Us about Japanese Trade Policy? Journal of Economic Perspect, 7: 3, pp. 21 - 43.

[97] Sobel, J. Can We Trust Social Capital. Journal of Economic Literature, 2002, (3), Vol. XL. 139 - 154.

[98] Solow. But Verify - Trust: The Social Virtues and the Creation of Prosperity. The New Republic,

1995, 213 (11): 36 -39.

[99] Spencer, Barbara J. and Larry D. Qiu. 2001. Keiretsu and Relationship - Specific Invest - ment: A Barrier to Trade?. International Economic Review, 42, pp. 871 -901.

[100] Tabellini, Guido. Institutions and Culture. Journal of the European Economic

[101] Thomas Chaney. The Network Structure of International Trade. American Economic Review (Forthcoming).

[102] Uslaner, E. M. The foundation of trust: macro and micro. Cambridge Journal of Economics, 2008, 32: 289 -294.

[103] Uzzi, B., 1996. The sources and consequences of embeddedness for the economic performance of organizations: the network effect. American Sociological Review 61, 674 - 698.

[104] Vogel, J. Institution and Moral Hazard in Open Economics. Journal of International Economics, 2007, 2: 495 -514.

[105] Wagner, D., Head, K., Ries, J., 2002. Immigration and the trade of provinces. Socttish Journal of Political Economy.

[106] Weidenbaum, Murray and Samuel Hughes. 1996. The Bamboo Network. NY: Free Press.

[107] Wellman, B. (2001). Physical place and cyberspace: The rise of personalized networks. International Urban and Regional Research, 25 (2), 227 -252.

[108] Whiteley, P. Economic Growth and Social Capital. Political Studies, 2000, 48 (3), 443 -466.

[109] Williamson, O. E., 1975. Markets and Hierarchies, Analysis and Antitrust Implications. Free Press, New York.

[110] Williamson, O. E., 1985. The Economic Institutions of Capitalism. Free Press, New York.

[111] Williamson, O. E., 1998. Transaction cost economics: how it works; where it is headed. De Economist 146, 23 - 58.

[112] Yu, S., de Haan, J., Beugelsdijk, S. Trade, Trust and Institutions. CESifo Working Paper Series, 2011, No. 3571.

后　记

本书是本人主持的 2011 年国家社会科学基金青年项目（11CJL060）《社会资本视角下的我国区域协调发展战略》的最终成果。2009 年 7 月我进入首都经济贸易大学工作，工作前两年，也经历了大多数青椒的迷茫和徘徊。再加上刚入校时，有比较多的教学任务，每天疲于教学，几乎没有时间静下心来搞科研。2011 年春节，经历了一个寒假的构思与忙乱，我提交了国家社科基金的申请书，当时并没有抱太大希望。以至于当学校科研处老师告诉我中标时，有点不敢相信，感觉自己运气真的极好。

时间过得很快，结题的时间转眼就到了。2013 年，我获得了经济学院的资助，赴美国加州大学圣地亚哥分校（UCSD）访学 3 个月。这段时间，我除了偶尔领略美国西部的美景外，大部分时间都是在安心做这个课题。由于前期数据搜集等基础性工作有不少积累，所以那段时间课题进展很快。期间，我还整理出两篇文章，投往了《国外社会科学》和《中国软科学》两个杂志，后都发表在 2014 年第 1 期。等到我 10 月初返回国内的时候，课题的核心部分已经做完。回国后的第 5 天我儿子出生了，儿子的到来带给我无尽的快乐，但初为人父的我还是略显慌乱，所以课题又暂时被耽搁了。直到 2013 年寒假，我才又有时间开始课题的收尾工作，并于寒假期间顺利完成。随后学校组织了预评审，根据专家修改意见进行修改，提交，漫长的等待，最终顺利结题。

感慨之余我经常回想起这段经历，过程尽管漫长，但我在其中学会了很多，这个课题对科研刚刚起步的我来说意味深长。从初出茅庐的新人，到在教学和科研方面能为学院尽绵薄之力的校级中青年骨干教师和后备学科带头人，我得到了太多人的帮助和关爱。我首先要感谢首都经济贸易大学经济学院给我提供的良好平台，良好的氛围使得我可以专心教学、潜心科研。我要感谢张连城教授。张老师对我的影响和帮助是全方位的。2010 年我就加入了张老师的研究团队，期间参与了张老师的诸多课题研究，尤其是 2011 年开始的中国 35 个城市生活质量调查，这项研究给我提供了非常好的平台，让我接触到了许多国内知名学者，通过聆听这些学者的教诲，自己的研究能力得到了快速的提升。本课题预评审时，张老师针对本课题提出了很多建设性意见，对完善本课题起到了重要作用。我还要感谢郎丽华教授，由于同属一个学科，郎老师是我入校伊始接触最多的老师。这几年，郎老师在国际化教学、学科和专业建设等方面给我提供了大量机会，这些机会让我得到了锻炼和提升。感谢经济学院的其他领导和同事对我的关爱和帮助，正是有了他们的支持，我才能快速的成长。感谢我的博士导师沈越教授，尽管已经毕业，沈老师时刻关注着我在学术上的发展，并随时提出指导性的建议。同时我还要感谢中国社会科学院经济研究所的张平研究员、杨春学研究员、刘霞辉研究员、张晓晶研究员、王诚研究员、袁福华研究员、张自然副研究员，在本课题的预评审以及研究过程中，他们都曾给予指导和帮助。感谢课题组主要成员池建宇博士，本课题很多好的想法和思路都是在和建宇博士的讨论中产生的。还要感谢课题组其他成员周明生教授、孟奎副教授、蔡兴副教授。

我要感谢我的爱人艾睿楠，感谢她在怀孕期间仍然支持我赴美国访学，使本课题得以顺利完成。在美期间，无时无刻不挂念她和孩子，担心孩子会提前到来。还好我的孩子鹤鹤没有太着急，在我返京后的第5天他到来了，他对我来说是一个特别美妙的礼物。让我忘记了一切疲惫和辛劳。夜深人静，看着酣睡的已经两岁多的鹤鹤，回想起那段时间，除了感恩，我无话可说。家庭的美满和家人的健康，可以让我安心学术，感谢年迈的父母对鹤鹤的照顾，感谢岳父岳母对我的各种支持。

对于本课题研究，我其实并不完全满意。正如我以前的研究指出的，社会资本是一个非常宽泛的概念，需要有社会学、经济学、历史学、管理学甚至哲学等方面的知识，对于我这样一个有“知识”没“文化”的人，要想真正的弄清楚是很难的一件事情。尽管阅读了大量的社会资本文献，但我还是发现自己的知识储量有限，有时候不免感慨心有余而力不足。例如，本研究对社会资本与区域协调发展文献的梳理可能不太全面，仅仅重点梳理了信任与区域协调发展的文献；社会资本、正式制度与经济增长的理论模型，借鉴了国外学者的模型，但感觉仍旧有待完善；对于区域社会资本的度量，受限于数据的搜集，也许还不能准确反映区域社会资本存量；实证检验部分，没有分因素考察社会资本对区域经济增长的影响。这些都是本研究存在的一些问题。尽管如此，本课题还是有了很大的推进，在前人的基础上，本研究明晰了区域社会资本的框架，并且把社会资本与贸易的关系纳入其中。我个人觉得这是一个很重要的推进，尽管可能有不少值得商榷的地方。正是有了这些不足，也促使自己将继续在这个领域摸索。书中不足之处，真诚的欢迎各位专家和读者批评指正。

最后，再次感谢经济日报出版社的胡子清女士、陈礼滟编辑以及其他编辑老师的辛勤工作，他们的付出使得本书顺利出版。

2016年5月于北京